Contes et fables d'Afrique

Claire Brouillet   *Charlie Beiser*   Andrée Vary

 **Glencoe**

New York, New York   Columbus, Ohio   Chicago, Illinois   Peoria, Illinois   Woodland Hills, California

Photo & art credits

Cover photo: Chris Hellier/CORBIS
Interior illustrations: Wendy Born Hollander
Maps: Ortelius Designs

Send all inquiries to:
Glencoe/McGraw-Hill
8787 Orion Place
Columbus, OH 43240-4027

ISBN 0-07-860043-X

1 2 3 4 5 6 7 8 9 10   069   10 09 08 07 06 05 04 03

 # Auteures et remerciements

DES MÊMES AUTEURES

Vary, Andrée, and Claire Brouillet. Contes et fables des îles. Columbus: Glencoe/McGraw-Hill.

Brouillet, Claire, and Andrée Vary. Contes et légendes du Québec. Columbus: Glencoe/McGraw-Hill.

Vary, Andrée, and Claire Brouillet. Contes et légendes du monde francophone, A Collection of Tales from the French-speaking World. Columbus: Glencoe/McGraw-Hill.

Vary, Andrée. Contes et légendes de France, A Collection of French Tales. Columbus: Glencoe/McGraw-Hill.

REMERCIEMENTS

Nous tenons à remercier l'Institut des Sciences et Techniques de la Communication d'Abidjan de sa précieuse collaboration — et particulièrement MM. Koudougnon Balet, directeur, et Tano Pierre Célestin, producteur, réalisateur et scénariste — pour nous avoir fait connaître les conteurs animateurs des soirées de contes en Côte d'Ivoire.

Table des matières

Au lecteur

Ces contes vous conduisent dans des pays que vous ne connaissez peut-être pas. Si vous laissez aller votre imagination, vous allez participer avec les Africains à des soirées de contes. Toute l'Afrique noire va s'éveiller et vous emporter dans son mystère.

Vous allez aussi beaucoup apprendre de ces contes et fables d'Afrique qui sont pleins d'informations. Ils vont vous montrer des civilisations différentes de la vôtre. Les contes vous feront visiter les petits villages de la savane. Vous allez connaître des gens et voir comment ils vivent. Vous allez rencontrer des animaux exotiques : l'éléphant orgueilleux de sa taille, le lion arrogant et dominateur, la tortue aussi rusée que lente et le petit lièvre intelligent et astucieux. Vous allez connaître des peuples qui vivent près de la nature et qui comprennent les leçons qu'ils peuvent en apprendre.

Peut-être, en lisant ces contes, aurez-vous envie de devenir conteur ou conteuse vous-même? Vous verrez alors comment la pratique du conte est une source de plaisir et un bon moyen de communiquer!

Les activités proposées avant et après la lecture de chaque texte vont vous aider à mieux comprendre ce que vous lisez et à faire de vous un lecteur efficace. Ces activités vous seront utiles si vous lisez seul; elles le seront encore plus si vous les faites en discutant avec vos amis et avec le soutien de votre professeur.

Bonne lecture!

Au professeur

Vous trouverez dans ce recueil des lectures d'appoint pour aider les élèves à développer le goût de lire en français. Nous croyons que ces récits intéresseront les jeunes tant par leur exotisme que par leur valeur humaine, universelle. Ils les sensibiliseront aussi à l'ampleur de la francophonie qui compte une vingtaine de pays sur le continent africain.

À l'occasion de chaque récit, vous trouverez aussi un encadrement pédagogique susceptible d'aider les élèves à devenir des lecteurs plus efficaces.

DES RÉCITS FACILES D'ACCÈS

Vous remarquerez que le vocabulaire utilisé est en général connu des élèves; pour les mots moins usuels, nous donnons un soutien lexical du français à l'anglais.

De plus, nous avons limité les temps des verbes à l'infinitif, à l'indicatif présent, à l'imparfait, au passé composé, au futur et au conditionnel, en évitant les formes complexes du passé simple et du subjonctif.

DES ACTIVITÉS ENCADRANT LA LECTURE

Nous avons aussi accompagné chaque récit d'une illustration et de quelques activités préliminaires d'observation dans le but de favoriser l'anticipation, étape importante dans la lecture.

Nous ajoutons un court texte d'introduction avant chaque conte afin de situer le récit dans son contexte culturel et d'attirer l'attention des élèves sur des faits, des objets et des modes de vie qu'ils n'auraient peut-être pas remarqués ou compris autrement.

Après la lecture, nous avons ajouté quelques activités de compréhension qui permettent de revenir sur le récit pour en saisir les éléments importants et les nuances. Nous en proposons plusieurs. Leur pratique permet une meilleure compréhension du texte. La simple lecture de ces questions permet déjà au lecteur un survol des points de compréhension importants.

L'enseignant pourrait proposer des activités complémentaires, par exemple :

— la réécriture du conte en se plaçant du point de vue d'un des personnages;

— la production d'une parodie du conte, en changeant les personnages pour d'autres de la vie quotidienne;

— la narration de l'histoire devant la classe, ce qui exige de l'élève l'appropriation du conte ou de son canevas, la mémorisation, la capacité d'improvisation et l'expression corporelle.

Les auteures de ce recueil espèrent que vous aurez, à encadrer vos élèves dans la lecture de ces contes, le même plaisir qu'elles ont pris à les écrire.

Introduction

AFRICA AND THE ORAL TRADITION

Chaque vieillard qui meurt
en Afrique, c'est une
bibliothèque qui brûle!
—Amadou Hampaté Ba, *L'Arbre à palabre*

THE IMPORTANCE OF ELDERS IN AFRICA

In Africa, all knowledge, practical and theoretical, used to be and much is still transmitted from generation to generation by elders. Thus, through this oral tradition in each tribe or nation, the history that makes up the foundations of each civilization is passed on. Through their relationship with the elders, the young gain knowledge and wisdom. Through and from the elders, the young come to understand the rites of passage between the different stages of life and the reasons behind them, the beliefs, the medical secrets, the recipes, the codes of social interaction as well as the history of their people. Elders therefore play a central and crucial role in African society, which explains the high esteem and respect they receive.

It is not unusual, if a person has at least one white hair, for that person to be called "Old Man" or "Old Woman." It is a term of respect.

STORYTELLING IN THE ORAL TRADITION

Storytelling, where elders become narrators in order to pass on their knowledge to younger generations, is one of the most important techniques of the oral tradition in Africa. The narrator transmits, through vivid and amusing representations, the essence of local culture and tradition. It is easily understandable, therefore, that Africa is such a fertile land of tales. Indeed, many tales now found in the Americas have their roots in this cradle of civilization.

THE TALE: A COLLECTIVE, CREATIVE EFFORT

Tales are first and foremost a form of communication. Tales are only passed on verbally. In Africa, tales have only one life and are created anew with each telling. One could even say that a tale is lived anew with each telling. An evening of tales gives rise to a type of collective creative effort in which all participants become actors, comedians, and narrators in turn. These evenings are very social and festive, often including spontaneous and exuberant responses to the tales.

The storyteller serves as the intermediary between the soul of the culture and its members. Storytellers learn their craft from master storytellers, and they are often narrators, mimes, actors, singers, musicians, and certainly top rank communicators. When the storyteller calls the audience to attention, the listeners usually know the tale already and participate enthusiastically, prompting, correcting, singing the choruses, and getting up to dance or to mime the action. They even will interject or object when the storyteller strays too far from the accepted storyline.

The authors of this book are well aware that it is impossible to render this unique atmosphere in writing. Thus, this book reminds us of a large mesh fishing net, one that keeps out an essential ingredient: everyone's participation. This deficiency can only be made up by your active reading, and we hope to inspire you to this type of active reading through the activities that precede and follow each tale.

STORYTELLING TODAY

Traditional folklore is still alive and well in the villages of Africa. After sundown around a fire in the mystery of the night, and better yet by the light of a full moon, the storyteller narrates tales that come from the beginning of time. In certain African countries—such as Senegal for example—it is even forbidden to tell tales during the daytime for fear of calling forth the bad spirits of the night.

Lulled by the song of the cricket and the grasshopper, often against a background of tomtoms in the distance, the story-tellers gather their listeners and call out, "Are you ready for a tale?"

L'Afrique francophone

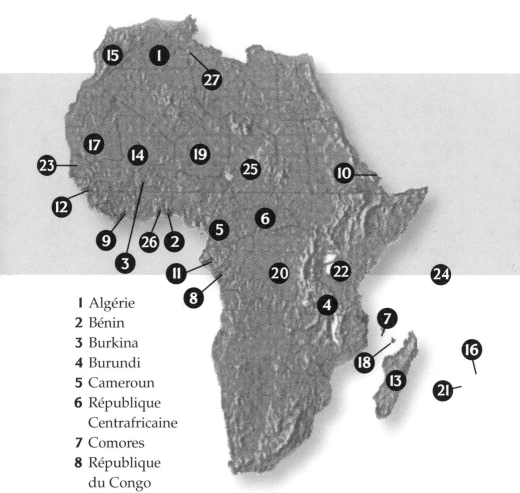

 1 Algérie
 2 Bénin
 3 Burkina
 4 Burundi
 5 Cameroun
 6 République
   Centrafricaine
 7 Comores
 8 République
   du Congo

On trouve sur le continent africain une vingtaine de pays dont la langue officielle est le français: le Bénin, le Burkina, le Burundi, le Cameroun, la Côte d'Ivoire, la République centrafricaine, le Congo, la République démocratique du Congo, le Djibouti, le Gabon, la Guinée, le Mali, la Mauritanie, le Niger, le Rwanda, le Sénégal, le Tchad, le Togo, les îles Comores, Madagascar, Maurice et Seychelles. Dans tous ces pays, on parle aussi des langues africaines. Dans quelques-uns, l'arabe ou l'anglais sont des langues officielles avec le français. Les trois religions les plus populaires dans ces pays sont l'animisme—bien ancré au cœur de tout Africain, quelle que soit la nouvelle religion qu'il peut adopter—l'islam et le christianisme. On appelle « animisme » les religions traditionnelles africaines qui donnent une âme aux animaux, aux phénomènes et aux objets naturels.

Le plupart de ces pays sont d'anciennes colonies françaises; ils sont devenus indépendants après 1950.

Dans le nord de l'Afrique, on trouve le désert du Sahara, bien connu parce qu'il est le plus grand désert du monde. Juste au sud du Sahara, on trouve le Sahel, une région semi-désertique qui sépare le Sahara de l'Afrique centrale et de l'ouest.

UN CONCOURS TRUQUÉ

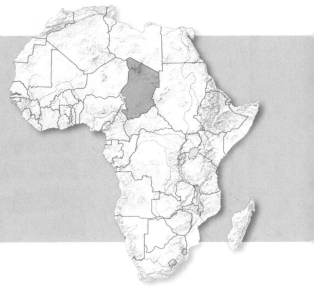

Superficie :
1 300 000 km^2

Nombre d'habitants :
environ 9 millions

Capitale : N'Djamena

    La moitié du territoire du Tchad, ce grand pays de l'Afrique centrale, fait partie du Sahara. Ancienne colonie française, ce pays peu peuplé accède à l'indépendance en 1960.

    Le Tchad comprend trois zones climatiques : il est désertique au nord, sahélien au centre et tropical au sud. On y trouve, réunis dans un même État, les nomades musulmans du Nord et les cultivateurs animistes ou catholiques du Sud. Dans ce pays qui compte environ 140 ethnies, le français et l'arabe sont les langues officielles, mais on y parle plus d'une centaine d'autres langues ou dialectes.

    Les Tchadiens vivent d'élevage, souvent nomade, et d'agriculture (mil, riz, arachides, sésame, coton).

    Le Tchad est un des pays les plus pauvres du monde.

Avant de faire la lecture du conte, répondez aux questions suivantes en formant des phrases complètes.

I. Lisez l'introduction de ce conte ainsi que son titre « Un concours[1] truqué[2] ». Observez maintenant l'illustration.

  a. D'après vous, qui sont les garçons que vous voyez dans l'illustration?

  b. Pouvez-vous imaginer que fait la fille?

Introduction

Ce conte est très populaire dans toute l'Afrique de l'Ouest. On en trouve plusieurs versions différentes. Il y est question des coutumes autour du mariage, dans ce cas-ci, du choix d'un époux.

On parle aussi, dans ce conte, du travail des clans. En effet, on trouve, en Afrique noire, des villages où tous les hommes ont le même métier. Ils font de la sculpture sur bois ou de la poterie; ils forgent le fer pour en faire des instruments agricoles ou, encore, ils tissent[3] le coton et fabriquent des vêtements.

C'est souvent le père qui choisit son gendre[4]. Plusieurs facteurs peuvent entrer en considération : les qualités personnelles du garçon, son habileté à faire le travail du clan, sa fortune—car il doit payer la dot[5] au beau-père[6] puisqu'il lui enlève une travailleuse—et, évidemment, les sentiments de la fille envers le candidat à sa main. Plusieurs contes parlent de concours organisés pour mettre les prétendants[7] à l'épreuve[8].

❖❖ UN CONCOURS TRUQUÉ ❖❖

Un homme avait une fille superbe et très intelligente. Cette fille était en âge de se marier. Le père, qui était tailleur[9] comme les autres hommes de son clan, avait réussi dans la vie grâce à son habileté et à son énergie au travail. Il voulait donner sa fille en mariage à un garçon habile et bon travailleur.

---

[1]**concours** competition
[2]**truqué** fixed to favor one side
[3]**tissent** weave
[4]**gendre** son-in-law
[5]**dot** dowry

[6]**beau-père** father-in-law
[7]**prétendants** suitors
[8]**épreuve** test
[9]**tailleur** tailor

La valeur de la dot que le garçon pouvait lui apporter était pour lui beaucoup moins importante que sa capacité à travailler.

Quand le père annonce aux habitants du village qu'il a une fille à marier, deux garçons se présentent, dès le premier soir, pour lui demander la main de sa fille. Le père dit aux deux prétendants :

—Venez demain matin. Nous allons voir qui va mériter ma fille.

Les deux garçons retournent alors chez eux. Le soir, le père va acheter une grande pièce de tissu[10], du fil à coudre[11] et des aiguilles[12].

Le lendemain, les deux rivaux sont à la porte :

—Nous sommes revenus comme tu l'as demandé. Qu'attends-tu de nous?

—Je veux être sûr que vous savez travailler vite et bien. Voici l'occasion de montrer vos capacités. Vous allez coudre[13] un boubou[14]. Le premier à le terminer sera celui qui est le plus habile en couture. C'est à lui que je vais donner la main de ma fille.

Puis, le père dit à sa fille :

—Reste avec eux, ma fille. C'est toi qui vas leur donner les fils à coudre. Tu vas ainsi voir tes deux prétendants au travail. Tu vas voir toi-même celui qui est le plus digne de toi. Donne le premier fil aux deux en même temps. Le concours est maintenant ouvert.

Au moment où la fille donne le premier fil aux deux concurrents en même temps, le père annonce :

—Le concours est ouvert! Que le meilleur gagne!

La fille est rusée. Elle fait semblant d'être d'accord avec son père sur le moyen de choisir son mari. Cependant, elle préfère de beaucoup l'un des garçons à l'autre. Son cœur a déjà choisi. Alors, elle donne des fils longs à celui qu'elle préfère, et des fils très courts à l'autre. Ce dernier change donc souvent de fil et il perd beaucoup de temps à enfiler[15] son aiguille.

En peu de temps, le préféré de la jeune fille a terminé son boubou. L'autre, lui, n'en a pas encore fait la moitié. C'est naturellement le garçon préféré que le père déclare le plus habile et c'est lui qui gagne le concours.

---

[10]**tissu** cloth
[11]**fil à coudre** thread
[12]**aiguilles** needles
[13]**coudre** to stitch

[14]**boubou** long African dress worn by both men and women
[15]**enfiler** threading

En voyant le sourire de sa fille, le père est tout content :
—Ma fille est heureuse de ton habileté, jeune homme. Je le vois sur son visage. Aussi, je suis fier de te donner sa main.

Quand une fille aime un garçon, elle trouve toujours le chemin qui la mène à lui!

∞∞∞ *fin* ∞∞∞

Après la lecture

Répondez aux questions en formant des phrases complètes chaque fois que c'est possible.

1. En quoi consiste le concours entre les deux prétendants? Choisissez la bonne réponse.
   a. Les prétendants doivent couper des fils de différentes longueurs.
   b. Les prétendants doivent coudre un boubou le plus vite possible.
   c. Les prétendants doivent choisir la longueur de leur aiguille.
   d. Les prétendants doivent choisir entre des fils longs et des fils courts.

2. Comment la jeune fille réussit-elle à faire gagner le garçon qu'elle préfère?

3. Demandez à une copine ou à un copain de vous lire les phrases suivantes et écoutez bien la prononciation du mot **fils**.
   —*La fille donne des **fils** longs à celui qu'elle préfère et des fils courts à l'autre.*
   —*Cet homme a trois **fils** : Pierre, Jean et Jacques.*
   Ces deux mots de sens différents ont-ils la même prononciation ou seulement la même orthographe?

4. Remettez les phrases suivantes dans l'ordre du récit.
   a. Le garçon préféré de la jeune fille termine son boubou le premier.
   b. La fille donne les fils les plus longs au garçon qu'elle préfère.
   c. Le père désire donner sa fille à un garçon habile et bon travailleur.
   d. Le soir, le père va acheter une grande pièce de tissu, du fil et des aiguilles.

   L'ordre logique est le suivant : ____, ____, ____, ____.

5. Les qualités que recherche le père pour son gendre sont l'habileté et l'ardeur au travail plutôt que la richesse. Pensez-vous qu'il a raison? Expliquez.

6. Trouvez dans le texte une phrase qui s'applique bien à l'illustration.

7. Pensez-vous que vos parents vont avoir leur mot à dire dans le choix de votre époux ou de votre épouse? Allez-vous tenir compte de leur opinion?

2 Mauritanie

LES JEUNES QUI VOULAIENT VIVRE SANS LES VIEUX

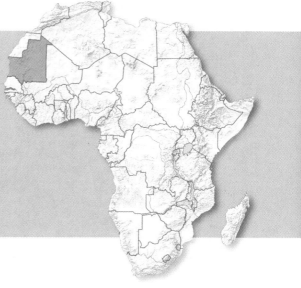

Superficie :
1 030 000 km^2

Nombre d'habitants :
environ 2,8 millions
(Maures et Noirs)

Capitale : Nouakchott

État de l'Afrique de l'Ouest, la Mauritanie est dans le Sahara. C'est une des régions les plus pauvres et les plus chaudes du monde. Le désert forme les deux tiers du pays; de nombreuses caravanes y passent et s'approvisionnent aux oasis. Le Sud, cependant, est un peu moins aride. Les Noirs y vivent, plutôt en tribus, et sont agriculteurs; ceux de la côte sont pêcheurs; les Maures sont des nomades; ils font de l'élevage et ont divers autres métiers. La tradition orale est bien vivante en Mauritanie et elle joue un rôle du premier plan.

En 1999, la Mauritanie est devenue, suite à un référendum, une république islamique.

Avant de faire la lecture du conte, répondez aux questions suivantes en formant des phrases complètes.

I. Lisez bien le titre du conte. Regardez aussi l'illustration. Quel âge environ les personnages que vous voyez ont-ils? Voyez-vous les adultes près d'eux?

2. Lisez le texte d'introduction du conte et répondez aux questions suivantes :

    a. Pourquoi respecte-t-on beaucoup les personnes âgées en Afrique?

    b. À qui donne-t-on le nom de roi dans les contes africains?

Introduction

On trouve en Afrique plusieurs versions de ce conte qui fait l'éloge[1] des aînés[2]. Traditionnellement dans la société des Noirs d'Afrique, les connaissances sont transmises oralement et non par les livres. Ce sont les personnes plus âgées — « les vieux », comme on les appelle avec respect — qui connaissent l'histoire, les traditions, qui ont en mémoire les dictons[3], les proverbes, les contes, les recettes de cuisine et les remèdes. Elles sont les seules à pouvoir transmettre leurs connaissances et leur expérience de vie aux générations plus jeunes. On les respecte grandement.

Dans le récit suivant, il est aussi question d'un roi. Dans les contes africains, on donne le nom de roi à un homme sage, souvent assez âgé, à qui on confie un rôle d'autorité. Son peuple est ordinairement formé des gens de son clan : les personnes âgées et tous leurs descendants. On peut comprendre alors le lien étroit[4] qui existe entre les gens d'un même village : le voisin peut donner des conseils et même des ordres aux plus jeunes au même titre que le père.

---

[1]**fait l'éloge** sings the praise
[2]**aînés** elders

[3]**dictons** common sayings
[4]**lien étroit** tight bond

LES JEUNES QUI VOULAIENT VIVRE SANS LES VIEUX

Un vieux roi régnait paisiblement sur son peuple. Tous les villageois, et même les gens des autres villages, le respectaient, lui et les sages qui formaient son conseil.

Le roi avait un fils qui avait onze ans. Ce garçon n'aimait pas tellement les gens que son père choisissait comme conseillers.

—C'est un groupe de vieux que tous considèrent comme sages à cause de leur grand âge, disait-il. Vraiment, je suis bien aussi sage qu'eux!

Un jour, l'adolescent dit à ses amis :

—Moi, je ne peux plus tolérer les vieux. Je ne veux plus de leurs conseils. J'en ai assez de les entendre. Ces gens-là s'imaginent tout connaître et avoir réponse à tout. Partons d'ici! Formons un village sans vieux!

—Bravo! disent ses amis. C'est une bonne idée; ce sera toi, notre chef! Ha! Ha! Ha! Nous allons être bien, seulement entre nous, tous des jeunes!

Les jeunes prennent toutes leurs affaires et ils partent former leur nouveau village. Ils s'en vont bien loin afin de ne pas être importunés[5] par les vieux. À la fin de leur première journée de marche, ils trouvent un endroit tranquille. Le jeune chef annonce :

—Arrêtons-nous ici. Nous avons une plaine, de l'ombre et même une petite mare[6].

—D'accord! répondent les jeunes amis.

—Allons-nous construire nos cases[7] tout de suite? demande l'un d'eux.

—Non, non! Plus de travail! Amusons-nous!

—Oui! Amusons-nous! répètent-ils tous ensemble.

Alors, c'est la fête. Dans la savane, on n'entend plus que leurs tam-tams, leurs chants et leurs rires. Quand ils rencontrent un vieux, ils rient de lui entre eux :

—Comme nous sommes bien entre nous! Nous sommes enfin libres!

Un jour, en s'amusant dans un champ, le chef de la bande voit un bien beau veau. L'animal a une fourrure toute blanche

---

[5]**importunés** bothered
[6]**mare** pond

[7]**cases** huts

avec une tache[8] noire sur le front. Il est très beau. Comme le propriétaire du troupeau[9] n'est pas là, le jeune chef dit à ses camarades :

—Je veux la peau de ce veau! J'aime bien la couleur!

Les autres jeunes gens, en riant, prennent le veau et le tuent. Ils lui enlèvent la peau. Le jeune chef met la peau de l'animal sur lui, comme un vêtement tout chaud et s'écrie :

—Je suis le plus beau veau du monde! Personne n'est plus beau que moi! Beuh!

Tous les jeunes rient. La transformation de leur chef a ranimé leurs plaisirs, car, à vrai dire, ils commençaient à s'ennuyer. Alors, autour du chef, ils font un feu pour faire cuire le veau, et ils dansent et mangent la viande bien tendre du veau qu'ils ont tué.

Cependant, après deux jours de fête, la peau de la bête commence à sécher sur le corps du jeune chef. Il respire avec difficulté. Il crie à ses amis :

—Au secours! Sortez-moi de là! Je suffoque!

Alors, les amis essaient d'enlever la peau de la bête, mais elle est maintenant collée[10] à celle du garçon :

—Aïe! Aïe! crie le chef en pleurant.

—Coupons la peau et arrachons-la par morceaux, se disent-ils.

—Aïe! C'est ma peau, là, que vous arrachez! crie le garçon. Vous allez me tuer! Au secours!

—Qu'allons-nous faire? demandent les amis pendant que le garçon pleure et crie de douleur.

—Vous ne savez rien faire! Allez vite chercher mon père, dit le pauvre garçon d'une voix étouffée[11]. Dites-lui que je vais mourir s'il ne vient pas me sortir de là. Lui, il va pouvoir me sauver la vie.

Alors, les garçons vont trouver le vieux père de leur chef et le supplient de venir. Le roi, qui aime beaucoup son fils, se rend dans le village des jeunes. En voyant son garçon déguisé en veau, le père retient un fou rire[12].

—Est-ce bien toi, mon fils? demande le père. Pourquoi m'as-tu fait venir jusqu'ici?

—Père, toi qui connais tant de choses, dis à mes amis comment me sortir de là. J'étouffe et je vais mourir!

---

[8]**tache** spot
[9]**troupeau** herd
[10]**collée** stuck

[11]**étouffée** muffled
[12]**fou rire** giggle

—Mais, si je me souviens bien, tu n'aimes pas les conseils des vieux. Moi, je suis vieux. Je n'ai donc rien à faire ici.

—Père, je t'en supplie, implore le jeune garçon d'une voix brisée[13] par la douleur, si tu sais comment me délivrer, dis-le vite!

Le père, alors, dit aux jeunes gens :

—Il faut de l'eau. Vous êtes chanceux : il y a encore de l'eau dans la mare! Jetez-le dedans. Vous allez voir : la peau va reprendre sa souplesse. Vous pourrez alors libérer votre chef.

Les adolescents suivent le conseil du vieil homme. La peau se ramollit[14] et leur jeune chef est libéré de la peau du veau. Cependant, il a eu le temps de réfléchir pendant ces deux terribles jours.

Le jeune chef, se voyant délivré grâce à l'aide de son père, dit à ses amis :

—Trouvez-vous un autre chef. Moi, je retourne au village. Je pense que les jeunes et les vieux sont mieux ensemble. Suivez-moi si vous voulez.

Tous les jeunes sont soulagés[15]. La fête est finie. Ils se sont bien amusés pendant quelques jours, mais ils s'ennuient d'ailleurs déjà de[16] la vie du village.

Les jeunes reviennent au village. Tous les reçoivent les bras ouverts. Le village était triste sans ses jeunes; maintenant, il reprend vie.

◇◇◇ *fin* ◇◇◇

Après la lecture

Répondez aux questions en formant des phrases complètes chaque fois que c'est possible.

I. De qui est composé le conseil du roi? Choisissez la bonne réponse.

   a. Le conseil du roi est formé de sages, c'est-à-dire des personnes plus âgées.

   b. Le conseil du roi est formé des gens de sa famille.

   c. Le conseil du roi est formé de jeunes et de vieux.

---

[13]**brisée** broken
[14]**ramollit** softens

[15]**soulagés** relieved

[16]**s'ennuient d'ailleurs déjà de** are already missing

2. Pourquoi le fils du roi veut-il quitter le village? Choisissez la bonne réponse.

   a. Il veut quitter le village parce qu'il n'y a rien à manger.

   b. Il veut quitter le village parce qu'il n'y a plus de place.

   c. Il veut quitter le village parce qu'il ne veut plus vivre avec des vieux.

   d. Il veut quitter le village parce qu'il veut se marier.

3. Que fait le jeune chef pour s'amuser avec ses amis?

4. Remettez les phrases suivantes dans l'ordre du récit.

   a. La peau de la bête colle à celle du garçon.

   b. Les garçons reviennent au village pour vivre les jeunes et les vieux ensemble.

   c. Les jeunes ont bien du plaisir sans les vieux.

   d. Les jeunes dansent autour de leur chef déguisé en veau.

   e. Les adolescents suivent les conseils du vieil homme et libèrent leur ami.

   f. En voyant son fils déguisé en veau, le père retient un fou rire.

   L'ordre logique est le suivant : ____, ____, ____, ____, ____, ____.

5. Trouvez dans le texte une phrase qui s'applique bien à l'illustration.

6. En vous servant du dictionnaire, expliquez pourquoi, en anglais, on utilise deux mots différents pour traduire le mot **conseil** dans les deux phrases suivantes :

   —*Tous les villageois le respectaient, lui et les sages qui formaient son* **conseil.**

   —*Moi, je ne peux plus tolérer les vieux. Je ne veux plus de leurs* **conseils.**

   Comprenez-vous pourquoi on utilise le même mot en français?

7. Y a-t-il des personnes âgées autour de vous? Vous arrive-t-il de leur demander conseil?

8. Que pensez-vous de la tradition africaine du respect et de l'écoute des personnes âgées?

9. Imaginez une autre aventure fâcheuse des jeunes hors de leur village.

3 Sénégal

LA VIEILLE FEMME QUI A APPORTÉ LE SEL À SON VILLAGE

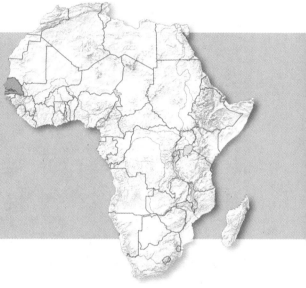

Superficie :
197 000 km^2

Nombre d'habitants :
10 millions partagés entre
différentes ethnies

Capitale : Dakar

État de l'Afrique occidentale ouvert à l'ouest
sur l'Atlantique, le Sénégal est densément peuplé.
Il est une des portes de l'Afrique vers le reste du monde.

Au nord et au centre, la région est du type sahélien; elle
est semi-désertique. Durant la saison sèche, l'harmattan, ce
vent qui est assez fort pour emporter les sables du désert,
balaie fréquemment le pays. La zone côtière est humide et
plus fertile.

La population compte 57 % de jeunes de moins de vingt
ans et est en forte croissance. On y compte une vingtaine
d'ethnies. La plus importante est celle des Wolofs; leur
langue, le wolof, est reconnue comme langue nationale. Le
français est la langue officielle.

Avant de faire la lecture du conte, répondez aux questions suivantes en formant des phrases complètes.

I. Lisez bien le titre du conte. Regardez aussi l'illustration. Selon vous, comment la vieille dame a-t-elle apporté le sel à son village?

2. Croyez-vous que le sel que vous achetez à l'épicerie vient toujours des marais salants[1] (où l'eau de mer s'est cristallisée)?

3. Lisez maintenant le texte d'introduction. Dans quelle partie du Sénégal récolte-t-on le sel?

Introduction

Dans la Casamance, région du sud du Sénégal, on trouve de nombreux marais salants. En effet, l'eau de la mer avance loin sur le sol où elle s'assèche[2] à cause de la grande chaleur. Elle laisse ainsi du sel sur le sable. On recueille[3] les cristaux de sel et on les vend aux régions éloignées de la mer. Le sel est un produit tellement précieux pour les Sénégalais qu'ils l'appellent « l'or blanc ».

Dans ce conte, il est question d'un marabout. Ce personnage important du village est à la fois un médecin, un sorcier — un homme qui connaît les secrets des plantes et des objets — et un guide psychologique et spirituel.

⬥⬥ LA VIEILLE FEMME QUI A ⬥⬥ APPORTÉ LE SEL À SON VILLAGE

Il y avait un jour un village du nord du pays qui n'avait plus de sel. Il fallait aller le chercher très loin dans le sud-ouest du pays, près de la mer. C'était un voyage long et fatigant. Personne n'avait le courage de le faire. Alors, la nourriture n'avait plus de goût. Les enfants et les personnes malades perdaient l'appétit. Ils ne voulaient plus manger. Pour saler un peu les aliments, les hommes prenaient leur sueur[4] et la faisaient sécher au soleil. Ils recueillaient ainsi un peu de sel.

---

[1]**marais salants** saltworks
[2]**s'assèche** dries up
[3]**recueille** gather, collect
[4]**sueur** sweat

Dans ce même village vivait une très vieille femme. Elle avait deux cent cinquante ans. Or, elle n'avait jamais eu d'enfants. Un jour, elle se dit :

—Si je veux avoir des enfants, il vaut mieux pour moi en avoir tout de suite. Un jour, je vais sûrement mourir.

Alors, la vieille femme va voir le marabout du village. Elle lui dit son désir d'avoir des enfants :

—Fais-moi une potion pour avoir des enfants, dit-elle au marabout. Cependant, je n'ai pas d'argent à te donner.

—Ne t'en fais pas,[5] dit le marabout. Je n'ai pas besoin de ton argent. Je vais te faire cette potion pour rien, parce que tu es une femme généreuse.

Après un long moment de silence, le marabout se lève et fait un dessin sur une écorce[6] d'arbre. Il lave ensuite cette écorce avec de l'eau fraîche. Il recueille cette eau dans une cruche[7] et donne la cruche à la vieille en disant :

—Prends cette potion. Demain, bois-en trois gorgées[8]. Tu vas voir : les enfants vont venir.

La vieille femme retourne donc chez elle. Elle fait confiance au marabout. Cependant, pour vérifier l'efficacité[9] de la potion, elle en donne tout de suite un peu à sa poule. Celle-ci, dès qu'elle en a bu, se met à chanter joyeusement, annonçant qu'elle va pondre[10].

À sa grande surprise, la vieille voit la poule pondre des œufs, des centaines et des milliers[11] d'œufs de toutes les couleurs et de toutes les grosseurs! De ces œufs sortent des poussins[12], des centaines et des milliers de poussins de toutes les couleurs et de toutes les grosseurs.

—Ça marche! crie la vieille. Ça marche! À moi la potion! À moi le miracle!

Alors, elle prend tout de suite trois gorgées du liquide. Ensuite, elle va se coucher.

Avant même de s'endormir, la vieille sent qu'elle va avoir un enfant. Alors, elle appelle la voisine pour l'aider. La voisine voit la vieille mettre au monde un premier enfant, puis un deuxième, un troisième, un quatrième... Jour après jour, la vieille met au monde des centaines et des milliers d'enfants.

---

[5]**Ne t'en fais pas,** Don't worry,
[6]**écorce** bark
[7]**cruche** pitcher
[8]**gorgées** sips

[9]**efficacité** effectiveness
[10]**pondre** to lay (eggs)
[11]**milliers** thousands
[12]**poussins** chicks

Les enfants de la vieille femme grandissent très vite. Comme ils veulent du sel dans leur nourriture, la vieille décide d'aller en chercher avec eux. Elle place ses enfants à la queue leu leu[13] depuis le village jusqu'à Kaolack, où il y a des marais salants. Avec ses enfants, elle forme une grande chaîne humaine.

Les enfants n'ont plus qu'à se passer les sacs de sel les uns aux autres. Ils les passent en chantant et s'amusent bien :

—Et hop! un sac. Et hop! un autre sac.

La vieille femme et ses enfants transportent des centaines, des milliers de sacs de sel. Ils apportent ainsi à leur village de quoi faire toute une provision.

Depuis ce temps, le village n'a plus jamais manqué de sel. Il n'y a plus personne qui prend sa sueur pour donner du goût à sa nourriture. Tout le monde est content.

◈◈◈ *fin* ◈◈◈

---

[13]**à la queue leu leu** in single file

Répondez aux questions en formant des phrases complètes chaque fois que c'est possible.

1. Que font les gens du village pour saler leurs aliments quand ils n'ont plus de sel?

2. Dans quel but la vieille femme va-t-elle voir le marabout? Choisissez la bonne réponse :

   a. Elle va voir le marabout pour avoir du sel.

   b. Elle va voir le marabout pour avoir des enfants.

   c. Elle va voir le marabout pour avoir des poules.

   d. Elle va voir le marabout pour avoir des œufs.

3. Comment la vieille femme s'assure-t-elle de l'efficacité de la potion magique?

4. Que fait la vieille femme pour donner du sel à ses enfants?

5. Trouvez dans le texte une phrase qui s'applique bien à l'illustration.

6. Remettez les phrases suivantes dans l'ordre du récit.

   a. La vieille boit trois gorgées de la potion magique préparée par le marabout.

   b. La vieille donne de la potion à sa poule pour en vérifier l'efficacité.

   c. La vieille demande au marabout une potion pour avoir des enfants.

   d. Avec ses enfants, la vieille forme une chaîne humaine jusque dans le sud-ouest du pays.

   L'ordre logique est le suivant : ____, ____, ____, ____.

7. Imaginez une suite à ce conte. Par exemple :

   —Que font les gens du village pour remercier la vieille de leur avoir apporté du sel?

LE MAÎTRE DE LA PAROLE

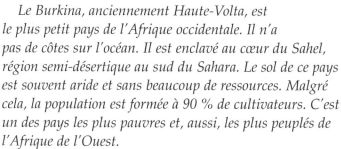

Superficie :
274 000 km^2

Nombre d'habitants :
plus de 12,6 millions,
partagés en une soixantaine
d'ethnies

Capitale : Ouagadougou

Le Burkina, anciennement Haute-Volta, est
le plus petit pays de l'Afrique occidentale. Il n'a
pas de côtes sur l'océan. Il est enclavé au cœur du Sahel,
région semi-désertique au sud du Sahara. Le sol de ce pays
est souvent aride et sans beaucoup de ressources. Malgré
cela, la population est formée à 90 % de cultivateurs. C'est
un des pays les plus pauvres et, aussi, les plus peuplés de
l'Afrique de l'Ouest.

Cette ancienne colonie française acquiert sa souveraineté
en 1960. Ce pays, véritable mosaïque culturelle, compte une
soixantaine d'ethnies, avec presque autant de langues. La
langue officielle est le français.

Avant de faire la lecture du conte, répondez aux questions suivantes en formant des phrases complètes.

1. Lisez bien le titre du conte. Regardez aussi l'illustration. Lisez ensuite le premier paragraphe du conte. Que se passe-t-il, d'après vous, entre les trois personnages que vous voyez dans l'illustration?

2. Lisez le texte d'introduction. Quels sont les deux aspects de la vie africaine qui y sont traités?

Introduction

Ce conte est très populaire en Afrique de l'Ouest. On en retrouve plusieurs versions. Le récit montre toute l'importance que cette civilisation donne à la langue. Un homme sage doit savoir manipuler la langue, découvrir le sens caché sous les mots, comprendre et utiliser les proverbes à propos. Ce sont là des habiletés[1] que tout Africain tente de développer. Ceux qui y réussissent méritent le respect.

Dans ce conte, il est question de la saison sèche. Au Burkina, la saison sèche est très longue : elle dure environ huit mois. On ne peut pas, alors, cultiver la terre, car le soleil brûle tout, et la terre est très sèche. C'est au tout début de la saison des pluies que les hommes préparent la terre : ils la labourent et y font leurs semences[2]. Ceux qui ont pu, comme le cultivateur du conte, ne pas consommer toutes leurs graines pendant la saison sèche peuvent les vendre au marché en vue de la saison des semences.

LE MAÎTRE DE LA PAROLE

Il y avait un jour un cultivateur qui possédait un beau bœuf. L'animal était gras et bien fort. Quand l'homme allait au marché pour vendre ou échanger les produits de sa ferme, le bœuf le transportait sur son dos avec toute sa marchandise.

Un jour, en pleine saison sèche, l'homme s'en va au marché et y amène sa femme. Il l'installe confortablement sur le dos du

---

[1]**habiletés** skills
[2]**font leurs semences** sow their seeds

bœuf et suspend sur les flancs de l'animal des paniers remplis de graines. Sur sa route, il rencontre le boucher du village qui lui dit :

—Tu as là un beau bœuf. Il a l'air en santé. Je suis prêt à payer un bon prix pour la bête et toute sa charge.

Le cultivateur a justement besoin d'argent. Alors, il accepte la proposition du boucher.

Une fois le bœuf vendu, la femme du fermier veut descendre du dos de l'animal. Le boucher l'arrête en lui disant :

—Eh toi! Reste là! J'ai acheté le bœuf et **toute** sa charge. Ton mari a accepté ma proposition. Tu es maintenant à moi : un marché³ est un marché!

—Mais c'est inacceptable! s'écrie le cultivateur. J'admets que ce sont tes paroles, mais je n'avais pas compris!

Les deux hommes se disputent et ils n'arrivent pas à s'entendre⁴.

Or, il y avait au village un homme reconnu pour sa sagesse. Il maîtrisait⁵ l'art de parler et il connaissait toutes les subtilités du langage. On l'appelait le Maître de la parole. Tous les gens du village allaient lui demander conseil quand ils n'arrivaient pas à s'entendre. Les deux hommes décident donc d'aller le voir et de lui présenter leur problème.

Quand le boucher et le fermier arrivent à la case⁶ du Maître de la parole, son fils, un jeune enfant d'environ six ans, vient à leur rencontre :

—Bonjour, messieurs. Que désirez-vous? dit le jeune enfant.

—Nous voulons voir ton père.

—Mon père n'est pas ici. Il est occupé à contredire⁷ la Nature.

—Comment ça, contredire la Nature?

—Il est allé labourer son champ. Est-ce qu'on laboure en pleine saison sèche alors que la pluie est encore très loin? Il y a bien là une contradiction. C'est pourquoi je dis qu'il est allé contredire la Nature.

Les deux hommes se regardent, tout surpris. Ils voient bien que cet enfant manipule la langue de façon étonnante.

—Et ta mère, que fait-elle? lui demande le boucher.

—Ma mère, elle est partie changer le nom du mil⁸.

---

³**marché** deal
⁴**s'entendre** to agree
⁵**maîtrisait** mastered, controlled

⁶**case** hut
⁷**contredire** to contradict
⁸**mil** millet

—Comment ça, changer le nom du mil?

—Oui. Elle est allée écraser[9] le mil. Alors, ce ne sera plus du mil mais de la farine[10].

Les deux hommes se regardent, encore plus surpris. Alors, le fermier dit :

—Eh bien! Puisque ton père est parti, nous allons te présenter notre problème. Parle-lui-en à son retour. Nous allons revenir ce soir pour connaître sa réponse.

Les deux hommes racontent alors ce qui leur est arrivé.

—Je comprends, dit l'enfant. C'est clair. Toi, boucher, va-t-en au marché avec ton bœuf et toute sa charge. Toi, fermier, reste avec moi.

Le boucher fait confiance à cet enfant qui semble bien sage. Il s'en va donc au marché tout heureux avec son bœuf et sa charge, y compris la femme du fermier. Celui-ci regarde sa femme partir. Il est découragé :

—Mais que vais-je devenir sans ma femme? Que va-t-il m'arriver? demande-t-il en pleurant.

—Attends un peu, lui répond l'enfant. Tout va s'arranger[11]. D'abord, tu donnes au boucher le temps de tuer le bœuf pour vendre sa viande. Ensuite, tu vas à son étal[12] et tu lui dis ceci : « Boucher, je veux acheter la tête. » Ou plutôt, tu lui dis : « Je veux acheter ta tête, là. » Si tu dis cela, le boucher va penser que tu parles de la tête de l'animal, et tout va bien aller!

Le pauvre cultivateur trouve que l'enfant est un sage. Il a confiance en sa parole.

Le cultivateur se rend donc au marché et il attend de voir le bœuf coupé en pièces et exposé. Alors, il dit au boucher :

—Je veux acheter ta tête, là.

Le boucher pense que le fermier veut se disputer avec lui. Il ne lui prête aucune attention. Alors, les autres bouchers, à côté, lui disent :

—Aïe! Boucher, tu ne veux pas vendre ta viande?

Alors, le boucher, pour ne pas faire rire de lui, accepte de vendre la tête au fermier.

—Tiens, la voici! dit le boucher en prenant l'argent et en tendant la tête de l'animal.

---

[9]**écraser** to crush
[10]**farine** flour

[11]**Tout va s'arranger.** Everything will be all right.
[12]**étal** stall

—Mais non! s'écrie le fermier. Pas cette tête-ci. Je t'ai dit que je voulais acheter **ta** tête, et tu as accepté. Ces hommes en sont témoins[13]!

—Écoute, je ne peux tout de même pas te vendre ma tête!

—Un marché est un marché! répond le cultivateur.

—C'est impossible! Tu es fou!

—Non, mais il y a une façon de nous entendre. Rends-moi ma femme, et garde ta tête, si tu y tiens!

Le boucher accepte donc le marché. Grâce au fils du Maître de la parole, le cultivateur et sa femme peuvent retourner chez eux ensemble et avec de l'argent en plus. Ils ont fait une bonne journée!

◊◊◊ *fin* ◊◊◊

Répondez aux questions en formant des phrases complètes chaque fois que c'est possible.

1. De quoi est-il question dans la première moitié de ce texte? Choisissez la bonne réponse.
   a. Le boucher demande à la femme de descendre du dos du bœuf.
   b. Le fermier demande au boucher d'amener le bœuf et la femme.
   c. Le boucher veut amener le bœuf et la femme.

2. Dans la seconde partie de ce récit, de quoi est-il question? Choisissez la bonne réponse.
   a. Le boucher et le fermier trouvent l'enfant stupide.
   b. Le boucher et le fermier écoutent les conseils de l'enfant.
   c. Le boucher et le fermier attendent le retour du père pour lui présenter leur problème.

3. Le jeune enfant joue sur les mots. Que veut-il dire exactement par les phrases suivantes?
   a. « *Mon père est allé contredire la Nature.* »
   b. « *Ma mère est allée changer le nom du mil.* »

---

[13]**témoins** witnesses

4. Pensez-vous que le fermier aime sa femme? Relevez deux phrases dans le texte pour appuyer votre réponse.

5. Trouvez dans le texte une phrase qui s'applique bien à l'illustration.

6. Dans le texte suivant, à qui se réfère le pronom **l'** de la deuxième phrase? Choisissez la bonne réponse.

   La femme du fermier veut descendre du dos du bœuf. Le boucher l'arrête.

   a. Le pronom **l'** se réfère à la femme.

   b. Le pronom **l'** se réfère au fermier.

   c. Le pronom **l'** se réfère au boucher.

   d. Le pronom **l'** se réfère au bœuf.

7. Dans la dernière phrase du texte suivant, à qui se réfèrent les pronoms **lui** et **en**?

   Les deux hommes se regardent, encore plus surpris. Alors, le fermier dit :

   —Puisque ton père est parti, nous allons te présenter notre problème. Parle-**lui-en.**

   a. Le pronom **lui** est mis pour _____.

   b. Le pronom **en** est mis pour _____.

8. Remettez les phrases suivantes dans l'ordre du récit.

   a. Les deux hommes se disputent et n'arrivent pas à s'entendre.

   b. Le fermier installe sa femme sur le bœuf.

   c. Le fermier achète la tête du boucher.

   d. Un jour, le cultivateur s'en va au marché avec sa femme.

   e. Le boucher achète le bœuf et toute sa charge.

   f. Le fermier revient avec sa femme et de l'argent en plus.

   g. Les deux hommes présentent leur problème au fils du Maître de la parole.

   L'ordre logique des phrases est le suivant : ____, ____, ____, ____, ____, ____, ____.

9. Que pensez-vous de la solution proposée par l'enfant au fermier?

10. Lequel des deux hommes vous est le plus sympathique? Expliquez votre réponse.

5 Côte d'Ivoire

L'ARAIGNÉE ANANSÉ RECHERCHE UN IMBÉCILE

Superficie :
332 000 km^2

Nombre d'habitants :
16,8 millions

Capitale : Yamoussoukro
(cap. administrative et
politique); Abidjan (cap.
commerciale)

La Côte d'Ivoire est un pays d'une grande
diversité. Plus de 40 % de sa population actuelle
est constituée de non Ivoiriens, venus des pays voisins. La
Côte d'Ivoire compte plusieurs grandes villes de plus de
100 000 habitants, comme Abidjan, Yamassoukro, Bouaké
et Daloa.

Au nord, dans la savane désertique, on trouve de nombreux
petits villages ainsi qu'au sud, où le climat est de type
équatorial et le taux d'humidité élevé (en moyenne 85 %).
Plusieurs villages se spécialisent dans un art ou un métier
particulier.

Avant de faire la lecture du conte, répondez aux questions suivantes en formant des phrases complètes.

1. Lisez bien le titre du conte. Regardez aussi l'illustration. Quels sont les deux personnages qu'on y trouve? Que font-ils?

2. Lisez les deux premiers paragraphes du conte et retournez à l'illustration. Croyez-vous que l'araignée[1] a trouvé quelqu'un pour faire son travail?

Introduction

La Côte d'Ivoire est un pays dont la partie sud a un climat tropical. En plus de la mer, on y trouve des lagunes, des lacs et des rivières.

Le personnage principal du conte suivant est un pêcheur. En Côte d'Ivoire, la base de l'alimentation est le poisson, souvent salé, fumé[2] ou séché. On remarquera aussi que, en Afrique de l'Ouest, l'araignée est perçue comme un mâle, même si le nom générique de l'araignée est féminin, comme **la** chouette[3], **la** grenouille[4], **la** souris.

⬦⬦ L'ARAIGNÉE ANANSÉ ⬦⬦ RECHERCHE UN IMBÉCILE

Il était une fois une araignée du nom d'Anansé. C'était un être plutôt paresseux : il cherchait toujours un moyen de profiter du travail des autres.

Anansé vivait près de la mer. Il aimait beaucoup le poisson, mais, pour en avoir, il devait travailler. Un jour, il a une idée :

—Cette mer est remplie de poissons, mais je n'ai pas de filets[5] et je trouve fatigant de pêcher. J'aimerais bien trouver un imbécile qui va faire ce travail pour moi. Si je lui donne un poisson ou deux, cet imbécile va être content, et moi, je vais vendre les autres poisssons et devenir riche!

---

[1]**araignée** spider
[2]**fumé** smoked
[3]**chouette** owl

[4]**grenouille** frog
[5]**filets** (fishing) nets

Avec ce beau projet en tête, Anansé traverse la campagne. Il s'arrête à chaque case[6] en demandant :

—Je cherche un imbécile! Vous en connaissez un?

Toutes les personnes interrogées lui donnent la même réponse :

—Un imbécile? On en trouve facilement! Il y en a des tas[7] autour d'ici!

Anansé poursuit sa recherche. Le premier homme qu'il rencontre est un pêcheur :

—Je cherche un imbécile, dit Anansé.

—Un grain de mil[8]?

—Non! un imbécile!

—Un crocodile?

—Non! un im-bé-ci-le, gros nigaud[9]!

—Ah! un magot[10]! Moi aussi, j'en cherche un. J'en ai cherché un toute ma vie!

Alors, Anansé abandonne :

—Imbécile! lui crie-t-il en partant.

Anansé cherche dans la campagne puis dans la ville. Il ne trouve personne d'approprié. Alors, découragé, il retourne chez lui. Sur son chemin, il rencontre Faucon[11] :

—Bonjour, frère Faucon. Viens-tu pêcher avec moi?

Mais Faucon n'est pas un imbécile, et il se doute[12] de ce que cherche Anansé. Alors, il a une idée : il va faire travailler l'araignée et profiter, lui, de son travail.

—D'accord, répond Faucon. Allons pêcher!

Anansé est bien content. Il dit à Faucon :

—Attends-moi ici. Je cours chercher ma houe[13]!

—Mais pourquoi une houe? demande Faucon.

—C'est qu'il faut couper des tiges[14] de bambou pour fabriquer nos filets! Attends-moi ici, dit Anansé.

Alors, Faucon s'assoit à l'ombre des bambous pendant que l'araignée court à sa case en se disant en lui-même :

—Je dois me méfier[15] de ce Faucon. Il semble malin. Il ne faut pas lui laisser faire tout ce qu'il veut!

Quand Anansé revient avec sa houe, Faucon lui dit :

—Je me réserve le privilège de couper les tiges de bambou. C'est un sport qui me plaît. Toi, Anansé, reste assis et prends ma fatigue sur ton dos.

---

[6]**case** hut

[7]**tas** piles

[8]**mil** millet

[9]**nigaud** fool

[10]**magot** treasure

[11]**Faucon** Falcon

[12]**se doute** suspects

[13]**houe** hoe

[14]**tiges** stems

[15]**me méfier** to be wary

—Prendre ta fatigue sur mon dos pendant que tu fais du sport? Jamais de la vie! répond Anansé. Tu me prends pour un imbécile? C'est moi qui vais couper les tiges. Toi, prends la fatigue!

Alors, Anansé se met à couper et à couper à grands coups de houe. Il est fatigué et il a très chaud. Pendant ce temps, Faucon se repose à l'ombre en regardant travailler l'araignée et il se lamente de sa fatigue.

Quand Anansé a fini d'attacher les tiges de bambou, Faucon lui dit :

—Laisse-moi porter ces tiges jusque chez toi. J'ai besoin d'exercice. Toi, suis-moi[16] et prends la fatigue et le mal de dos. Moi, je n'en peux plus!

—Jamais de la vie! répond Anansé. Tu me prends pour un imbécile? C'est moi qui vais porter les tiges. Toi, prends la fatigue et le mal de dos!

Faucon et Anansé partent donc. Anansé, devant, marche avec difficulté sous son fardeau[17]. Faucon, lui, fait semblant d'être très fatigué. Il se lamente à chaque pas :

—Ce n'est pas drôle de porter tant de fatigue sur mon dos. Aïe! Mon dos!

—Cesse de te plaindre, dit Anansé tout en sueur. Nous sommes presque rendus chez moi.

Quand ils arrivent à la case d'Anansé, Faucon l'aide à décharger les tiges de bambou.

—Bon. C'est moi qui vais tresser[18] les filets, dit Faucon. C'est un art. Toi, prends ma fatigue et les crampes aux doigts.

—Mais pas du tout! répond Anansé. Je suis expert dans l'art du tressage. Moi, je tresse. Toi, tu prends la fatigue.

Faucon est bien content. Étendu à l'ombre, il regarde Anansé tresser les filets. Il fait semblant d'être très fatigué. Il se plaint de la fatigue et des crampes aux doigts. Quand le travail est fini, il dit :

—Anansé, laisse-moi porter ces filets et les mettre à l'eau. J'adore ça. C'est à ton tour maintenant de prendre la fatigue. Moi, je n'en peux plus!

—Imbécile! crie Anansé. Je les ai tressés, alors je vais les mettre à l'eau moi-même! Tu as accepté de prendre la fatigue, eh bien prends-la!

---

[16]**suis-moi** follow me
[17]**fardeau** burden

[18]**tresser** to weave

Le pauvre Anansé prend les filets et les traîne[19] dans l'eau. Faucon le regarde travailler tout l'après-midi. Le soir, les deux rentrent dormir dans la case de l'araignée. Faucon se plaint de sa grande fatigue; Anansé dit qu'il le comprend :

—Heureusement que tu portais la fatigue! Même moi, je n'en peux plus!

Le lendemain, nos deux amis vont voir leurs filets. Dans chacun, il y a un poisson :

—Ces deux poissons sont pour toi, dit Faucon. Demain, il va y en avoir quatre, et ils vont être pour moi.

—Me prends-tu pour un imbécile! crie Anansé. Aujourd'hui, ces deux poissons sont pour toi. Demain, ils vont être pour moi.

Faucon a ce qu'il voulait. Il n'a pas mangé depuis plusieurs jours. Ce soir-là, il rentre chez lui et se prépare un bon plat.

Le lendemain matin, Faucon et Anansé se retrouvent près des filets :

—Quatre poissons! Tu es bien chanceux, Anansé! Prends ces poissons. Ils sont à toi. Demain, il y en aura huit pour moi!

—Tu penses? Pour qui me prends-tu? Les poissons de demain sont pour moi. Garde ceux-ci.

Faucon est satisfait. Le soir, il rentre chez lui et mange encore à sa faim. Cependant, il a peine à tout manger :

—Le poisson, c'est bon, mais il y a des limites. Je n'en veux plus, se dit-il.

Le lendemain, dans les filets, il y a tellement de poissons que les filets sont tout déchirés :

—Anansé, regarde ces filets, dit Faucon. Ils ne valent plus rien. Malgré cela, je te parie[20] que je suis capable de trouver un imbécile pour les acheter. Toi, va vendre les poissons.

Anansé n'est pas d'accord. Toujours méfiant, il dit :

—Les poissons, c'est toi qui vas les vendre. Moi, je vends les filets.

Tous les deux bien satisfaits, ils s'en vont au marché.

Le pauvre Anansé n'arrive pas à vendre ses vieux filets. Il en cache bien les trous, mais les gens les voient quand même. Il rentre à la maison, très déçu et les poches vides. Quant à

---

[19]**traîne** drags   [20]**parie** bet

Faucon, il a rapidement vendu tous ses beaux poissons frais. Il rentre chez lui la poche pleine d'argent, de quoi faire un vrai banquet avec autre chose que du poisson!

D'après vous, Anansé a-t-il trouvé l'imbécile qu'il cherchait pour faire le travail? Qui est-il?

⟡⟡⟡ *fin* ⟡⟡⟡

Après la lecture

Répondez aux questions en formant des phrases complètes chaque fois que c'est possible.

I. Quel est le principal défaut d'Anansé? Choisissez la bonne réponse.

   a. Il est paresseux.

   b. Il est orgueilleux.

   c. Il est jaloux.

2. Qui Anansé veut-il trouver et pourquoi?

3. Pourquoi Anansé refuse-t-il de laisser travailler Faucon? Choisissez la bonne réponse :

   a. parce qu'Anansé aime travailler.

   b. parce qu'Anansé n'aime pas se faire aider.

   c. parce que Faucon semble malin et qu'Anansé s'en méfie.

4. Relevez une phrase du texte qui s'applique bien à l'illustration.

5. Remettez les phrases suivantes dans l'ordre du récit.

   a. Anansé fait tout le travail pendant que Faucon se lamente de la fatigue.

   b. Anansé a un défaut : il est paresseux.

   c. Anansé demande à tous : « Connaissez-vous un imbécile? »

   d. Grâce au travail d'Anansé, Faucon se prépare de bons repas.

   e. Faucon accepte d'aller pêcher avec Anansé.

   L'ordre logique est le suivant : _____, _____, _____, _____, _____.

6. Quel est le personnage qui vous est le plus sympathique? Donnez les raisons de votre réponse.

7. Quelle leçon pouvez-vous tirer de cette histoire?

6 Mali I

LES DEUX FILLES ET LA FEMME GÉNIE (PREMIÈRE PARTIE)

Superficie :
1 240 000 km²

Nombre d'habitants :
plus de 11 millions
d'habitants partagés en
plusieurs ethnies

Capitale : Bamako

   Le Mali, anciennement Soudan français,
est le plus grand pays de l'Afrique de l'Ouest
à ne pas être bordé par la mer. Le Nord et le Centre du pays,
soit ses deux tiers, font partie du Sahara et sont couverts de
dunes sablonneuses : on y pratique l'élevage nomade. Le Sud
du pays est privilégié en eau grâce aux fleuves Niger et
Sénégal. On y fait même deux récoltes par année de produits
agricoles : mil, riz, sorgho, canne à sucre et maïs.
   C'est du Mali, qui connaît trois millénaires d'histoire,
que viennent les grands empires et civilisations de l'Afrique
de l'Ouest.

Avant de faire la lecture du conte, répondez aux questions suivantes en formant des phrases complètes.

I. Lisez bien le titre du conte. Savez-vous ce qu'est une femme génie[1]? Avez-vous vu des films ou lu des histoires où il est question de génies?

2. Regardez aussi l'illustration. Décrivez les deux filles. D'après vous que se passe-t-il?

3. Lisez l'introduction. On y parle des rites de l'initiation. Dans quel but se font ces rites? Dans votre milieu, célèbre-t-on le passage entre différentes phases de la vie? Comment? Trouvez-vous ces rites importants?

4. Lisez les deux premiers paragraphes du conte. Pouvez-vous maintenant identifier les deux adolescentes de l'illustration?

Introduction

Le conte suivant est un des plus connus en Afrique, en Europe et en Amérique. Il fait partie des contes d'initiation. On en connaît de nombreuses variantes, selon les pays. Les Africains célèbrent par de nombreux rites le passage de l'enfance à l'âge adulte et l'intégration de l'adolescent dans son groupe social. Les jeunes Africains doivent vivre dans le bois sacré, séparés de leur famille, y recevoir l'enseignement d'un aîné[2], subir de dures épreuves[3]. Ils doivent montrer beaucoup de courage et de respect.

Durant le temps de l'initiation, qui peut durer jusqu'à trois mois, deux types de comportement[4] sont possibles : les jeunes qui sont bons et courageux réussissent l'épreuve et sont alors dignes[5] d'être reçus dans leur communauté; ceux qui sont méchants et orgueilleux ne réussissent pas l'épreuve.

Les contes d'initiation contiennent souvent les chiffres trois et sept. Ce sont des chiffres « parfaits », c'est-à-dire qui représentent un nombre infini.

---

[1]**génie** genie
[2]**aîné** elder
[3]**épreuves** ordeals

[4]**comportement** behavior
[5]**dignes** worthy, deserving

Les deux filles et la femme génie (première partie) **39**

LES DEUX FILLES ET LA FEMME GÉNIE (PREMIÈRE PARTIE)

Un homme avait une fille d'une première épouse qui était morte. Il s'était remarié, et sa nouvelle épouse avait donné naissance à une autre fille. Cette femme devait donc prendre soin des deux enfants.

La nouvelle épouse préférait sa propre fille, la plus jeune des deux, même si elle était très désagréable : elle était orgueilleuse, négative et paresseuse. Elle était l'opposée de l'aînée, que tout le monde aimait.

Alors, la plus jeune était très jalouse de sa demi-sœur. Pour la consoler, la mère gardait sa fille chérie près d'elle et la gâtait[6] de mille et une façons. Quant à[7] sa belle-fille[8], elle la faisait travailler toute la journée. Pendant que la plus jeune s'amusait avec ses amies ou se promenait avec sa mère, l'aînée devait préparer les repas, aller chercher l'eau au puits[9], faire le lavage, aller au marché et transporter de lourds fardeaux[10] sur sa tête. Elle faisait ces travaux de bon cœur et restait toujours souriante. L'autre, la fille gâtée, était toujours insatisfaite. Elle ne trouvait jamais rien d'agréable.

Un jour, en lavant la vaisselle dans la rivière, l'aînée brise[11] la calebasse[12] de sa belle-mère[13]. Elle sait que c'est un objet précieux : sa belle-mère l'avait décorée elle-même avec art. L'adolescente va immédiatement confesser l'accident :

—Mère, dit-elle, j'ai brisé votre calebasse en la lavant dans la rivière. C'est un accident. J'en suis vraiment peinée.

—Petite idiote! lui dit la belle-mère.

—Je vais la réparer, répond la pauvre fille. Je sais comment faire de la colle[14] avec de la farine[15] et de l'eau.

—Une seule personne peut la réparer. C'est la femme génie de Kirtawi. Tu vas te rendre chez elle. Arrange-toi pour trouver la route! Il faut me rapporter ma calebasse comme si elle était neuve.

Le lendemain, dès le lever du soleil, l'adolescente part dans la forêt. Elle ne sait pas quelle direction prendre. Elle marche,

---

[6]**gâtait** spoiled
[7]**Quant à** As for
[8]**belle-fille** stepdaughter
[9]**puits** well
[10]**fardeaux** burdens
[11]**brise** breaks
[12]**calebasse** calabash, gourd
[13]**belle-mère** stepmother
[14]**colle** glue
[15]**farine** flour

marche, marche encore malgré sa fatigue. Elle avance, seule, avec une intention unique : accomplir sa tâche[16] et revenir à la maison avec une calebasse intacte.

Après trois jours de marche, l'adolescente entend des bruits bizarres. Ce sont deux poules rouges qui se picotent[17] du bec[18]. En voyant la jeune fille, les poules lui demandent, comme si elles l'attendaient :

—Tu cherches ton chemin, belle jeune fille?

—Oui. Je vais au pays de Kirtawi.

—Kirtawi? Ce n'est pas un pays. C'est le nom de la vieille femme génie. Continue tout droit. Elle habite très loin d'ici.

—Merci bien, chères amies. Excusez-moi d'avoir interrompu vos jeux!

La jeune fille est rassurée. Elle continue bravement sa marche.

Trois jours plus tard, elle voit deux serpents bleus qui se battent. La jeune fille leur demande poliment :

—Excusez-moi. Savez-vous si je vais dans la bonne direction pour trouver la vieille Kirtawi?

—Certainement, répondent les serpents. Tourne à droite ici, et continue ton chemin. Tu vas la trouver, mais c'est encore très loin.

—Merci bien, chers amis. Excusez-moi d'avoir interrompu vos jeux!

La jeune fille continue sa recherche. La forêt devient de plus en plus dense, mais elle est bien déterminée à accomplir sa tâche.

Trois jours plus tard, elle voit deux fouets[19] qui semblent se fouetter l'un l'autre. Elle leur demande :

—Savez-vous si je vais dans la bonne direction pour trouver Kirtawi?

—Tout à fait, répondent les fouets. Continue tout droit et tu vas arriver à une clairière[20]. Tu vas y trouver Kirtawi.

—Merci bien, chers amis. Excusez-moi d'avoir interrompu vos jeux!

L'adolescente marche pendant trois autres jours. Elle arrive finalement à la clairière. Elle aperçoit une créature bizarre assise près d'un petit feu. Cette créature a trois yeux et quatre bras. La jeune fille ne montre pourtant aucun étonnement.

---

[16]**tâche** task
[17]**picotent** peck
[18]**bec** beak

[19]**fouets** whips
[20]**clairière** clearing

—Êtes-vous Kirtawi, la femme génie? demande-t-elle gentiment.

—Oui. Et toi, je sais que tu viens faire réparer la calebasse de ta belle-mère.

—La voici, la Vieille, répond la jeune fille en posant la calebasse brisée sur les quatre bras de la vieille.

Pendant que la femme génie examine la calebasse, la jeune fille prend le balai[21] et commence à nettoyer le sol devant la case[22]. La vieille, alors, lui dit en souriant :

—Tu n'es pas venue ici pour me servir, jeune fille. Merci quand même. J'apprécie ton bon cœur, mais tu dois retourner chez toi. Prends ces sept vases; je les ai préparés pour toi. Un d'eux est plein d'or; un autre, d'argent; le troisième est rempli de diamants; les autres sont pleins de belles surprises. Deux serviteurs vont t'aider à les rapporter. Garde-les aussi. Tu vas en avoir besoin bientôt. Et n'oublie pas ta calebasse! Regarde : elle n'est plus cassée!

La jeune fille voit la calebasse de nouveau intacte. Elle aperçoit aussi deux garçons les bras chargés des présents offerts par la femme génie :

—Merci bien, la Vieille. Ma belle-mère va être très heureuse! Cette calebasse semble n'avoir jamais été brisée. Je vous remercie beaucoup!

Le chemin du retour est plus facile. Quand enfin l'adolescente arrive chez elle, elle donne la calebasse à sa belle-mère, lui présente les deux serviteurs et lui montre les cadeaux de la femme génie.

—Ma fille! Ma très très chère fille! dit la belle-mère en la prenant dans ses bras pour la première fois de sa vie.

∞∞ *à suivre* ∞∞

---

[21]**balai** broom　　　　　[22]**case** hut

Répondez aux questions en formant des phrases complètes chaque fois que c'est possible.

I. Pourquoi l'adolescente doit-elle se rendre auprès de la femme génie? Choisissez la bonne réponse.

a. L'adolescente y va parce qu'elle veut quitter sa belle-mère.

b. L'adolescente y va parce qu'elle aime l'aventure.

c. L'adolescente y va parce qu'elle veut faire réparer la calebasse.

d. L'adolescente y va parce qu'elle aime les vieilles personnes.

2. Quelles sont les trois rencontres que l'adolescente fait sur son chemin avant d'arriver chez la vieille femme? Comment réagit-elle à chacune? Quelles informations reçoit-elle? À partir de vos réponses, remplissez le tableau suivant.

Rencontre	Réaction	Information reçue
Ire		
2^e		
3^e		

3. Remettez les phrases suivantes dans l'ordre du récit.

a. L'adolescente aide la vieille femme à nettoyer le sol devant sa case.

b. L'adolescente part à la recherche de la femme génie.

c. La belle-mère impose de durs travaux à l'aînée des filles et garde la plus jeune près d'elle.

d. La vieille femme donne à l'adolescente des vases remplis de cadeaux merveilleux.

e. L'adolescente rencontre en chemin trois couples d'animaux qui s'amusent à se battre.

L'ordre logique est le suivant : ____, ____, ____, ____, ____.

4. Trouvez dans le texte une phrase qui s'applique bien à l'illustration.

5. Trouvez-vous que l'adolescente est impolie en appelant la femme-génie « la Vieille »? Si oui, référez-vous à l'introduction de ce livre au paragraphe intitulée *The Importance of Elders in Africa*. Donnez les raisons de votre réponse.

6. Dans les récits d'initiation comme celui-ci, on trouve toujours les éléments suivants sous forme symbolique : (1) une recherche; (2) des difficultés à surmonter; (3) des aides offertes; (4) le résultat de la recherche. Ecrivez un paragraphe pour montrer comment ces quatre éléments se retrouvent ici.

7. Imaginez que vous êtes adolescent(e) et que vous vivez en Afrique il y a cent ans.

   a. Comment, pensez-vous, auriez-vous réagi au cours des trois rencontres avec les animaux?

   b. Comment auriez-vous réagi en face de la vieille?

LES DEUX FILLES ET LA FEMME GÉNIE (DEUXIÈME PARTIE)

POUR COMMENCER...

Avant de faire la lecture du conte, répondez aux questions suivantes en formant des phrases complètes.

I. Regardez l'illustration. Quels sont les deux personnages de l'illustration?

2. Que se passe-t-il, d'après l'illustration?

LES DEUX FILLES ET LA FEMME GÉNIE (DEUXIÈME PARTIE)

En voyant les trésors rapportés par l'aînée et, surtout, la façon dont la mère la traite maintenant, la plus jeune est très jalouse :

—J'irai moi aussi, avec une calebasse brisée, voir la vieille femme génie! Je veux des cadeaux!

La mère ne veut pas. Elle sait que sa fille n'est pas très brave. Alors, elle lui dit :

—La famille est assez riche comme cela. Ta sœur veut partager tous ses cadeaux avec nous. Tu n'as donc pas besoin d'y aller. Reste avec moi.

La fille chérie fait alors une crise de nerfs[1]. Sa mère doit accepter. Avant de partir, la fille s'informe de tous les détails de la route auprès de son aînée. Chargée de provisions, elle part donc chercher son propre trésor.

---

[1]**crise de nerfs** fit (of anger)

La jeune adolescente marche dans la forêt, dans la direction indiquée par son aînée. Quand elle arrive près des poules rouges qui se battent encore à coups de becs, elle leur dit :

—Vous n'avez pas honte[2] de vous battre comme cela? Vous ne savez pas vivre![3] Ce n'est sûrement pas à vous que je vais demander des conseils!

Les poules ne semblent même pas remarquer la présence de la fille. Elles continuent leurs jeux. La fille, elle, continue son chemin en bougonnant[4].

La fille marche jusqu'aux deux serpents bleus dont sa sœur lui a parlé. Ils se battent toujours. Elle leur dit :

—Quelle honte de vous battre comme cela! Vraiment, vous n'êtes pas bien raisonnables! Ce n'est pas à vous non plus que je vais demander des conseils! D'ailleurs, je n'ai jamais besoin de conseils.

Elle continue donc son chemin, encore en bougonnant.

La jeune fille passe ensuite près des deux fouets qui se fouettent. Elle leur dit, d'un ton hautain :

—Franchement! Êtes-vous fous? Quelle sottise[5], se battre entre fouets!

La jeune fille continue sa route encore et toujours en bougonnant contre ces animaux qui n'ont rien de mieux à faire que de se battre.

Finalement, grâce aux indications de son aînée, la fille arrive à la clairière de la femme génie. Quand elle aperçoit la créature, elle la regarde avec horreur :

—Je comprends pourquoi vous vous cachez au fond de la forêt! Trois yeux et quatre bras : quel horrible spectacle! Alors, vous pouvez réparer ma calebasse, paraît-il? demande-t-elle d'un air hautain.

—Certainement, ma fille, répond la femme génie. Pendant que je la répare, veux-tu donner quelques petits coups de balai devant ma case?

—Jamais de la vie! Je viens de terminer un long chemin. Je suis fatiguée. Je vais attendre ici, à l'ombre.

—Tu n'as pas besoin d'attendre, dit la vieille. Voici ta calebasse. Elle est réparée. Tu peux partir.

—Vous n'avez rien d'autre à me donner? Des vases pleines de surprises, par exemple?

---

[2]**Vous n'avez pas honte** Shame on you
[3]**Vous ne savez pas vivre!** Have you no manners?
[4]**en bougonnant** grumbling
[5]**sottise** foolishness

—Oh! Si! répond la vieille. Prends ces trois vases. Apporte-les chez toi, mais ne les ouvre pas avant d'être dans ta case, la porte fermée. Si tu ouvres tes vases en chemin, tout sera perdu.

La fille, enfin satisfaite, se sauve sans remercier. Elle marche le plus rapidement qu'elle peut, portant un vase sur sa tête et les deux autres dans ses bras.

En arrivant à la maison, elle dit à sa mère :

—Vraiment, ce n'était pas bien difficile! Regarde mes cadeaux!

—Comme je suis fière de toi! répond sa mère en l'embrassant.

La fille et la mère, amies et complices[6], entrent dans la case et ferment la porte. Elles la font surveiller par un des serviteurs ramenés par l'aînée. La mère lui donne l'ordre de ne pas ouvrir avant qu'elles ne l'appellent.

La mère et sa chère fille ouvrent alors les cadeaux, tous en même temps. Oh! Quel malheur! Le premier vase contient des serpents venimeux qui s'élancent dans la case; le second est rempli de scorpions qui sautent partout; du troisième s'échappe un essaim d'abeilles[7] surexcitées :

—Ouvre-nous la porte! veut crier la mère, mais sa voix est étouffée[8] par la peur.

Le gardien n'entend rien. Il ne bouge pas. À la fin de la journée cependant, inquiet, il entrouvre la porte. Horreur! Il voit les deux femmes étendues sur le sol. Leurs corps sont tout rouges et enflés[9]. Elles ne bougent plus.

Le serviteur va alors chercher l'aînée. En voyant cette scène, la jeune fille au grand cœur est inconsolable :

—Les pauvres! s'écrie-t-elle. Quel malheur!

—Ne pleure pas. Tu as toujours bien agi[10]. Tu n'es pas responsable de ce qui leur est arrivé, disent les deux serviteurs. Ne t'inquiète pas. Nous resterons tous les deux toujours avec toi pour te protéger.

La jeune fille est en âge de se marier. Elle a d'ailleurs déjà un amoureux. Quelques années passent et, lorsqu'elle devient mère, elle aime tous ses enfants également.

∞ *fin* ∞

---

[6]**complices** accomplices
[7]**essaim d'abeilles** beehive
[8]**étouffée** muffled

[9]**enflés** swollen
[10]**agi** acted

Répondez aux questions en formant des phrases complètes chaque fois que c'est possible.

I. Pourquoi la plus jeune des deux filles se rend-elle aussi auprès de la femme génie? Choisissez la bonne réponse.

   a. Elle s'y rend parce qu'elle est brave.

   b. Elle s'y rend parce qu'elle veut des cadeaux comme sa demi-sœur.

   c. Elle s'y rend parce qu'elle aime et respecte les vieilles personnes.

   d. Elle s'y rend parce que sa mère lui a demandé d'y aller aussi.

2. Comment se comporte-t-elle avec la vieille femme? Choisissez la bonne réponse.

   a. Elle aide la vieille femme à nettoyer le devant de sa case.

   b. Elle salue la vieille femme respectueusement.

   c. Elle dit à la vieille femme qu'elle la trouve bien laide.

   d. Elle ne dit pas un mot à la vieille femme.

3. Qu'arrive-t-il quand la jeune fille ouvre ses cadeaux avec sa mère?

4. Trouvez dans le texte une phrase qui s'applique bien à l'illustration.

5. Dans les récits d'initiation comme celui-ci, on trouve toujours les éléments suivants sous forme symbolique : (1) une recherche; (2) des difficultés à surmonter; (3) des aides offertes; (4) le résultat de la recherche. Écrivez un paragraphe pour montrer comment ces quatre éléments se retrouvent ici.

6. Imaginez un récit d'initiation dont l'action se passerait ici, dans votre pays.

L'ÉLÉPHANT SERT DE MONTURE AU LIÈVRE

Superficie :
246 000 km^2

Nombre d'habitants :
environ 7 775 000 partagés
entre divers groupes
ethniques

Capitale : Conakry

État de l'Afrique de l'Ouest ouvert sur
l'Atlantique, la Guinée comprend quatre
régions naturelles : la plaine côtière, la montagne, la savane
et la forêt. Chacune de ces régions est peuplée de différentes
ethnies ayant des religions, des façons de vivre et des
traditions différentes. Ce pays est reconnu pour sa longue
tradition de culture musicale et de danse, dont ses fameux
ballets.

Remarque : Ne pas confondre avec sa voisine, la Guinée-
Bissau (ancienne colonie portugaise), ni avec la Guinée
équatoriale (ancienne colonie espagnole, sur le golfe de
Guinée), en Afrique Centrale. On parle parfois de
Guinée-Conakri, pour éviter cette confusion.

Avant de faire la lecture du conte, répondez aux questions suivantes en formant des phrases complètes.

1. Lisez bien le titre du conte. Savez-vous quelles sont les caractéristiques du lièvre[1] dans les contes et les fables? Connaissez-vous une fable ou un conte mettant en vedette un lièvre?

2. Regardez aussi l'illustration. D'après vous que se passe-t-il?

3. Lisez le texte de présentation du conte. On y parle de célébrer quelle occasion? Célèbre-t-on cette occasion de la même manière chez vous?

Introduction

Le lièvre est un personnage bien populaire dans les contes africains. Comme dans le folklore européen ou américain, le lièvre, par sa petite taille et son peu de moyens naturels de défense, représente les gens du peuple[2]. Il est aussi le symbole de la finesse[3] et de la ruse. Par sa rapidité d'esprit, il réussit toujours à dominer des plus forts que lui et à se mettre en évidence.

Dans le conte qui suit, il est question d'un grand cortège funèbre[4]. Il faut savoir que les Noirs d'Afrique respectent grandement la mort et le mystère qu'elle représente. Les funérailles, en Afrique noire, donnent lieu à des rituels et à des fêtes qui durent des semaines : procession des personnalités suivies du peuple, cérémonies de purification du défunt[5], sacrifice d'une bête en son honneur, banquet de toute la communauté, danses et célébrations diverses.

---

[1]**lièvre** hare
[2]**gens du peuple** regular people
[3]**finesse** shrewdness

[4]**cortège funèbre** funeral procession
[5]**défunt** deceased

L'ÉLÉPHANT SERT DE MONTURE AU LIÈVRE

Il y a de cela bien longtemps, les animaux voulaient se choisir un roi. Il y avait plusieurs candidats. Les plus populaires étaient le lion, le tigre, la girafe et l'éléphant, tous d'importants personnages.

Finalement, les animaux ont choisi l'éléphant comme roi. C'est sans doute à cause de sa taille imposante, car pour le reste, l'animal a bien des défauts, entre autres, une vanité à la mesure de sa personne!

Après son élection, l'éléphant, qui avait toujours été fier de sa prestance[6], en est devenu obsédé. Il ne voulait manquer aucune fête. Il s'y présentait toujours en grande tenue[7].

Un jour, l'éléphant, en tant que roi des animaux, doit représenter ses sujets à de grandes funérailles. Un personnage important est mort, et les invités doivent participer à une procession pour commencer les fêtes en l'honneur du défunt. Alors, l'éléphant rassemble les animaux et leur demande conseil :

—Quelle est, selon vous, la meilleure façon d'impressionner l'assistance[8]? Je veux absolument vous représenter dignement.

Les animaux ne sont pas dupes. Ils savent que l'éléphant recherche surtout sa propre gloire. Cependant, tout le monde obéit au désir du roi. Chacun des animaux fait sa suggestion. Le mouton est invité à parler le premier :

—Majesté, si vous voulez charmer le peuple, habillez-vous comme tout le monde. Les gens vont aimer vous voir porter, comme eux, un boubou[9] en étoffe du pays[10].

—C'est une bonne idée, répond l'éléphant. Cependant, pour un roi, ce n'est pas une façon d'attirer l'attention.

Alors, le renard prend la parole :

—Majesté, si vous voulez impressionner, habillez-vous plutôt comme les grands fermiers : pantalons et chemise de lin[11] blanc, ceinture et bottes de cuir. On va vous respecter.

—C'est une bonne idée, renard, mais je ne suis pas un fermier. Je suis un roi!

Aucune suggestion ne semble intéresser l'éléphant.

---

[6]**prestance** commanding appearance
[7]**en grande tenue** all dressed up
[8]**assistance** audience

[9]**boubou** boubou (long African dress)
[10]**étoffe du pays** local cloth
[11]**lin** linen

Le lièvre, lui, n'a pas encore fait connaître sa suggestion. Comme d'habitude, il veut s'amuser. Il laisse parler tous les autres animaux. À la fin, quand le roi est désespéré, le lièvre s'avance et dit à l'éléphant :

—Majesté, je vous suggère de mettre vos habits les plus riches. Mettez ceux que vous aviez mis le jour de votre élection : un riche manteau rouge brodé[12] d'or.

—Tu as raison, lièvre, voilà un costume digne d'un roi.

—Surtout, Majesté, n'oubliez pas une coiffe[13]. Une coiffe comme personne n'en a jamais vu. C'est ce qui va vous donner de la prestance. Vous allez attirer toute l'attention sur vous.

—Une coiffe! C'est une bonne idée, mais quelle sorte de coiffe?

—Une coiffe blanche. Une coiffe en hermine[14], comme en portent les grands rois.

—C'est vrai. Une coiffe en hermine, c'est ce qu'il me faut, mais je n'en ai pas, moi, de coiffe en hermine! dit l'éléphant.

—Alors, Sire, placez-moi sur votre tête! Tout le monde va admirer votre blanche coiffe!

—Voilà une excellente idée, mon ami. Merci, cher lièvre. Tu es le plus ingénieux de tous mes sujets!

Le jour venu, l'éléphant met donc son plus bel habit : une cape rouge brodée d'or et garnie de diamants. Pour compléter sa tenue, il place le lièvre comme un chapeau blanc sur sa tête. Alors, fier de lui, l'éléphant s'en va prendre part à la procession. Il est sûr d'attirer l'attention des spectateurs.

C'est le moment que le lièvre a choisi pour exécuter son plan. Comme d'habitude, il a tout prévu pour profiter de la situation. Il va de plus donner une leçon d'humilité à ce roi un peu trop fier.

Au lieu de rester bien sagement étendu[15] sur la tête de l'éléphant, le lièvre se lève debout et il salue la foule[16] de la main comme si l'éléphant n'était que sa monture[17].

---

[12]**brodé** embroidered
[13]**coiffe** head wear
[14]**hermine** ermine

[15]**étendu** stretched out
[16]**foule** crowd
[17]**monture** mount

Alors, tous les spectateurs acclament le lièvre et l'applaudissent. Ils se disent :

—Ce lièvre est vraiment un personnage très puissant pour être le maître d'une si grosse bête! Vive le lièvre!

L'éléphant est très humilié. Il n'ose pas réagir pendant la cérémonie. Cependant, sur le chemin du retour, il se montre très en colère. Il décide de se venger. Avec sa trompe[18], il prend le lièvre et le lance bien loin dans un champ de ronces[19]. Il continue son chemin, soulagé.

Le roi des animaux n'a pas fait dix pas qu'il entend le lièvre lui crier :

—Ha! Ha! Ha! Pauvre éléphant! Tu ne sais pas que c'est ici mon terrain de jeu préféré?

Depuis ce temps, les éléphants sont les ennemis jurés des lièvres. Ils ne cessent de déraciner[20] buissons[21] et arbres en espérant tuer une de ces petites bêtes. Ils les détestent!

∞∞ *fin* ∞∞

Après la lecture

Répondez aux questions en formant des phrases complètes chaque fois que c'est possible.

I. Pour quelle raison surtout les animaux choisissent-ils l'éléphant comme roi? Choisissez la bonne réponse.

a. Les animaux choisissent l'éléphant parce qu'il est amusant.

b. Les animaux choisissent l'éléphant parce qu'il parle bien en public.

c. Les animaux choisissent l'éléphant parce qu'il est gros.

d. Les animaux choisissent l'éléphant parce qu'il aime se montrer en grande tenue.

---

[18]**trompe** trunk
[19]**champ de ronces** briar patch

[20]**déraciner** to uproot
[21]**buissons** bushes

2. Que fait le lièvre le jour du cortège? Choisissez la bonne réponse.

   a. Il se cache dans la foule et applaudit le roi des animaux.

   b. Il se lève debout et salue la foule de la main comme si l'éléphant était sa monture.

   c. Il reste étendu comme une coiffe d'hermine sur la tête du roi des animaux.

3. Trouvez dans le texte une phrase qui s'applique bien à l'illustration.

4. Dans la dernière phrase du texte suivant, à qui se réfère le pronom **les**?

   *Depuis ce temps, les éléphants ne cessent de déraciner buissons et arbres en espérant tuer une de ces petites bêtes. Ils **les** détestent!*

   Le pronom **les** est mis pour _____ .

5. Remettez les phrases suivantes dans l'ordre du récit.

   a. Le lièvre se lève, salue la foule et fait semblant que l'éléphant est sa monture.

   b. Le roi demande à ses sujets des suggestions sur sa tenue.

   c. L'éléphant jette le lièvre dans les ronces.

   d. C'est l'éléphant qu'on choisit comme roi des animaux.

   e. La foule applaudit le lièvre.

   f. Le lièvre propose au roi de le placer sur sa royale tête comme un chapeau en hermine.

   L'ordre logique est le suivant : ____, ____, ____, ____, ____, ____.

6. Donnez les leçons que vous pouvez tirer de cette histoire en vous plaçant de point de vue de chacun des personnages suivants :

   a. l'éléphant;

   b. le lièvre;

   c. les autres animaux, les sujets.

9 Gabon

LA FILLE QUI N'AIMAIT PAS OBÉIR

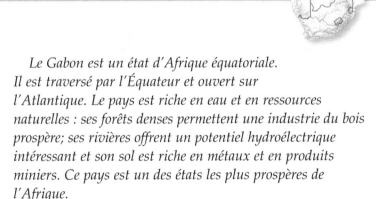

Superficie :
267 000 km^2

Nombre d'habitants :
1,2 millions partagés en plus
de 40 ethnies

Capitale : Libreville

Le Gabon est un état d'Afrique équatoriale.
Il est traversé par l'Équateur et ouvert sur
l'Atlantique. Le pays est riche en eau et en ressources
naturelles : ses forêts denses permettent une industrie du bois
prospère; ses rivières offrent un potentiel hydroélectrique
intéressant et son sol est riche en métaux et en produits
miniers. Ce pays est un des états les plus prospères de
l'Afrique.

Le Gabon est relativement peu peuplé, et ses nombreuses
ethnies ont développé leurs arts propres en tout respect de
leurs traditions : le conte, la musique, la danse, la sculpture
(masques, statuettes, portes décorées).

Avant de faire la lecture du conte, répondez aux questions suivantes en formant des phrases complètes.

1. Lisez le titre du conte et regardez l'illustration. Que se passe-t-il, selon vous?

2. Après avoir lu le texte d'introduction, dites ce qu'est un conte « moral ». Pensez-vous que tous les contes sont moraux? Donnez les raisons de votre réponse.

Introduction

Le conte suivant fait partie d'une vaste série de contes moraux. Ces contes ont pour but d'illustrer les règles de conduite et de donner des leçons de vie aux jeunes et aux plus vieux. On y montre clairement la vertu récompensée et le vice puni.

Il est question, dans ce conte, de la saison des pluies. C'est le moment de préparer la terre et de semer[1]. Grâce à la pluie, la terre va pouvoir de nouveau nourrir la famille une autre année. C'est pourquoi, quand la saison des pluies arrive en Afrique, tout le monde est heureux.

 ## LA FILLE QUI N'AIMAIT PAS OBÉIR

Il y avait une fois une femme qui avait trois filles. Elle les aimait toutes les trois également. Elle les avait élevées au prix de bien des sacrifices.

La mère était fière de ses filles. Elles étaient intelligentes, travaillantes, et belles en plus. Cependant, la mère avait des difficultés avec la plus jeune. Celle-ci refusait d'obéir. Jamais elle n'écoutait les conseils qu'on lui donnait; elle faisait plutôt tout le contraire.

Un jour, au début de la saison des pluies, la mère et ses trois filles vont travailler au champ comme à l'accoutumée. Toute la journée, elles piochent[2] le sol, arrachent les mauvaises herbes, sèment des graines.

---

[1]**semer** to sow
[2]**piochent** dig

À la fin de l'après-midi, des nuages noirs annoncent un orage. La mère et ses filles doivent donc rentrer à la maison au plus vite. Elles décident donc de passer par la forêt plutôt que par la route habituelle. C'est le chemin le plus court. Cependant, elles sont craintives, car les gens du village racontent que plusieurs personnes ont disparu dans cette forêt. Elles se disent que, à elles quatre, elles vont pouvoir se défendre en cas de danger.

L'orage éclate soudainement et devient très vite violent. Le vent courbe[3] les arbres, brise[4] les branches et empêche la mère et ses trois filles d'avancer dans la forêt. Il leur faut trouver un abri[5] tout de suite.

Heureusement, elles aperçoivent une grotte[6]. Saisies par la pluie fraîche et la peur, elles courent s'y abriter. Tout d'abord, elles se croient seules. Après quelques instants cependant, elles entendent du bruit au fond de la grotte. Puis, elles sentent de la fumée[7] :

—Venez donc vous réchauffer, mes chères dames, dit une
    voix lointaine.

La mère se rend au fond de la grotte. Avec stupeur, elle découvre, près du feu, un vieux lion visiblement réjoui[8] de la voir. Ses filles la rejoignent, confiantes :

—N'ayez crainte, Mesdames, venez vous asseoir près du feu
    et vous réchauffer!

La mère, elle, comprend qu'elles sont tombées dans un piège[9]. Elle fait asseoir ses trois filles autour d'elle :

—N'ayez pas peur, dit le lion. L'orage va être long.
    Reposez-vous.

Les trois jeunes filles étendent leurs mains et leurs jambes près du feu. Le lion les regarde, en salivant à l'idée du bon repas qui se réchauffe devant lui.

De son côté, la mère cherche le moyen de sauver ses filles des griffes[10] du lion et de se sauver elle-même. Alors, elle a une idée. Elle dit à l'aînée[11], sûre qu'elle va comprendre :

—Va chercher les galettes que j'ai laissées dans mon sac près
    de l'entrée.

---

[3]**courbe** bends
[4]**brise** breaks
[5]**abri** shelter
[6]**grotte** cave
[7]**fumée** smoke

[8]**réjoui** delighted
[9]**piège** trap
[10]**griffes** claws
[11]**aînée** eldest

La fille aînée sort. Elle a compris. Elle retourne alors à la maison en courant.

La mère est heureuse : sa fille aînée est sauvée. Comme la jeune fille ne revient pas, la mère dit, faisant semblant de s'inquiéter de sa fille :

—Comme c'est long! Ces galettes sont pourtant bien bonnes!

Elle dit alors à la deuxième, qui tremble de peur :

—Ta sœur ne revient pas. Va donc voir ce qu'elle fait dehors.

La deuxième fille ne se fait pas prier. Elle sort et, comme son aînée, elle court vers la maison.

Au bout d'un moment, la mère fait semblant de s'impatienter. Elle dit alors à la plus jeune :

—Va chercher tes sœurs et revenez partager les galettes avec notre hôte. Va vite!

La pauvre fille ne voit pas l'insistance dans les yeux de sa mère. Elle continue de se réchauffer. Comme d'habitude, elle ne veut rien savoir de ce que sa mère lui demande. Elle fait semblant de ne rien entendre.

—Alors, j'irai moi-même, dit la mère, sûre de ne pas être comprise.

La fille est maintenant seule avec le vieux lion. Sa mère ne revient pas plus que ses deux sœurs. En levant les yeux vers le lion, elle le voit qui salive et qui aiguise[12] ses crocs[13].

Elle comprend alors, mais trop tard, les gros yeux que lui faisait sa mère. Son obstination à ne jamais écouter ce qu'on lui demandait l'a perdue!

∞∞ *fin* ∞∞

---

[12]**aiguise** is sharpening
[13]**crocs** fangs

Répondez aux questions en formant des phrases complètes chaque fois que c'est possible.

1. Pourquoi la mère avait-elle des difficultés avec la plus jeune de ses filles?

2. Pour quelle raison les quatre femmes décident-elles de passer par la forêt? Choisissez la bonne réponse.

   a. Elles passent par la forêt parce que c'est le chemin le plus sûr.

   b. Elles passent par la forêt parce que c'est leur chemin habituel.

   c. Elles passent par la forêt parce que c'est le chemin le plus court.

3. Que fait la mère pour sauver ses filles des griffes du lion?

4. Remettez les phrases suivantes dans l'ordre du récit.

   a. La mère et ses filles décident de passer à travers la forêt plutôt que par la route.

   b. La mère et ses trois filles entrent dans une grotte.

   c. La plus jeune ne veut pas obéir; elle continue de se réchauffer.

   d. La mère et ses trois filles vont travailler au champ comme d'habitude.

   e. La mère envoie l'aînée et la deuxième à l'extérieur de la grotte.

   f. Le lion les invite à venir se réchauffer près du feu.

   g. La plus jeune des filles est maintenant seule avec le lion qui aiguise ses crocs.

   h. Soudain, des nuages noirs annoncent un violent orage.

   L'ordre logique des phrases est le suivant : _____, _____, _____,

   _____, _____, _____, _____, _____.

5. Trouvez dans le texte une phrase qui s'applique bien à l'illustration.

6. Pensez-vous que la mère a bien fait de quitter la grotte à son tour?

10 Cameroun

TORTUE FAIT LA COURSE CONTRE LÉOPARD

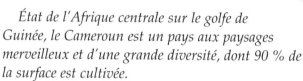

Superficie :
475 000 km²

Nombre d'habitants :
plus de 16 millions partagés
en 212 ethnies

Capitale : Yaoundé

    État de l'Afrique centrale sur le golfe de
Guinée, le Cameroun est un pays aux paysages
merveilleux et d'une grande diversité, dont 90 % de
la surface est cultivée.

    Le Nord est en plein Sahel. Les gens y font l'élevage
nomade de bovins et une agriculture de subsistance. Le Sud
est tropical et humide. On y trouve les forêts denses aux
essences rares. On y cultive la banane et le riz ainsi que le
cacao et le café.

    La Cameroun se place parmi les pays d'Afrique qui ont le
plus haut taux d'alphabétisation. Le pays est bien connu
pour son attachement aux traditions, aux croyances et aux
rites ancestraux; il est renommé pour sa musique.

Avant de faire la lecture du conte, répondez aux questions suivantes en formant des phrases complètes.

1. Lisez bien le titre du conte. D'après vous, de Tortue et de Léopard, lequel, pensez-vous, doit normalement gagner la course?

2. Regardez l'illustration : faites-vous encore la même prévision sur le résultat du concours?

3. Lisez le texte d'introduction. Connaissez-vous la fable de La Fontaine dont on parle? Si oui, contre qui Tortue fait-elle la course dans cette fable?

Introduction

Le conte suivant ressemble à une des fables de La Fontaine, fabuliste français du XVIIe siècle. Bien avant lui, Ésope, fabuliste grec du IVe siècle avant Jésus-Christ, avait imaginé une aventure semblable entre une tortue et un lapin. Les contes et les histoires traversent ainsi le temps et l'espace, emportées, on ne sait trop comment, par le souffle de l'imagination populaire et le lien[1] profond entre les peuples.

Dans ce conte-ci, nous voyons la pauvre tortue devant un puissant adversaire. Elle représente le faible en face de la force écrasante. Elle se dit que seule la ruse et la finesse[2] peuvent vaincre la force physique ou l'autorité morale d'un adversaire trop puissant.

◈◈ TORTUE FAIT LA COURSE ◈◈ CONTRE LÉOPARD

Dans ce temps-là, quand les animaux avaient un problème grave à régler[3] entre eux, ils se réunissaient en assemblée générale. Tous les animaux devaient être présents.

Un jour, une assemblée devait se tenir au lever du soleil, mais Tortue était très en retard. À midi, elle n'était pas encore arrivée. Les autres animaux brûlaient au soleil en l'attendant. Plusieurs se montraient très impatients.

---

[1]**lien** link
[2]**finesse** shrewdness

[3]**régler** to settle

Au coucher du soleil, Tortue arrive finalement, toute en sueur[4]. Alors, Léopard, très fier de sa rapidité, lui crie :

—La prochaine fois, Tortue, lève-toi un peu plus tôt. Tu sais que tu as de la difficulté à te déplacer[5]!

Tortue, sur ces mots, entre dans une grande colère :

—Comment cela, de la difficulté à me déplacer? Je me déplace comme il le faut et certainement aussi bien que toi. Je suis sûre que toi, tu ne peux même pas me vaincre[6] à la course à pied!

—Écoutez-moi ça! dit Léopard à l'assemblée. Cette pauvre Tortue pense qu'elle court plus vite que moi, Léopard, l'animal le plus rapide de tous!

—Devant tous, Léopard, je te lance un défi[7], dit Tortue. Après cette réunion, nous allons fixer un itinéraire. Tous les animaux sont témoins[8]. Je le répète solennellement, je peux te vaincre à la course!

Devant cette scène plutôt comique, les animaux rient de bon cœur. Après l'assemblée, ils veulent tous participer à l'organisation de la course. Le concours[9] est porté au lendemain matin. L'itinéraire comprend trois régions séparées par trois ruisseaux[10]. À la sortie de chacun des ruisseaux, un juge doit enregistrer le plus rapide coureur.

En arrivant chez elle, Tortue réunit[11] cinq filles parmi ses nombreux enfants. Elles sont toutes les cinq de la même taille et de la même couleur que leur mère. Elle leur dit :

—Écoutez bien, mes enfants. Nos ancêtres disaient : *Vivre, c'est user de ruse.* Nous devons absolument montrer au Léopard que je peux courir plus vite que lui. Cependant, pour cela, j'ai besoin de votre aide.

—Une course, maman, dit un enfant, comme c'est amusant!

—Mais comment vaincre le Léopard? Il est si rapide! dit un autre.

—Écoutez bien : nous allons le vaincre à la finesse! dit Tortue. Notre itinéraire comprend trois ruisseaux à traverser. Voici comment nous allons faire.

Tortue forme alors, avec ses enfants, trois équipes de deux membres chacune. Elle leur dit :

---

[4]**en sueur** sweaty
[5]**te déplacer** to move, to travel
[6]**vaincre** beat
[7]**lance un défi** challenge

[8]**sont témoins** are witnesses
[9]**concours** competition
[10]**ruisseaux** streams
[11]**réunit** gathers

—Nous allons toutes les six nous placer deux à deux sur les bords de chaque ruisseau, une de chaque côté. Quand Léopard va arriver près du premier ruisseau, toi, tu sors de ta cachette et tu te lances à l'eau avant lui. Dès que Léopard se lance à l'eau, toi, la deuxième, tu sors de l'eau sur l'autre rive. Vous deux, vous faites la même chose au deuxième ruisseau. Toi et moi, nous serons au début et à la sortie du dernier ruisseau. Je vais sortir de l'eau avant lui. De cette façon, il va penser que je l'ai dépassé à la nage! Les spectateurs vont être témoins de ma victoire!

—Comme cela va être amusant! disent les enfants.

Le jour de la course, Tortue et Léopard sont sur la ligne de départ. Pour donner le signal, l'éléphant frappe le sol d'un violent coup de pied. Alors, Léopard s'élance[12] et disparaît dans le feuillage[13]. La pauvre Tortue, elle, avance à pas lents, selon sa coutume.

—Pauvre Tortue. Elle est bien sympathique, mais elle a pris un grand risque en défiant le Léopard! se disent les spectateurs.

Léopard court un bout de temps, puis il se dit :

—Je peux bien prendre un peu mon temps. Tortue est sûrement loin derrière.

Alors, Léopard continue calmement, car il approche du premier ruisseau. Quand il y arrive, il est bien surpris de voir Tortue qui saute à l'eau avant lui. Alors, il se jette à la nage. Or, à peine est-il dans l'eau qu'il entend la foule applaudir l'autre Tortue qui vient de sortir du ruisseau. Il se dit :

—Comment Tortue a-t-elle bien pu nager plus vite que moi? C'est une sorcière[14]!

Quand Léopard sort à son tour du premier ruisseau, la fille de Tortue le salue en lui disant :

—Salut, Léopard! Nous nous reverrons à la prochaine étape[15]!

Léopard poursuit alors son chemin sans tarder. Au deuxième ruisseau, il voit Tortue sauter à l'eau avant lui. Puis, alors qu'il nage encore, il entend encore une fois la foule applaudir Tortue. Il veut mourir de honte[16].

---

[12]**s'élance** darts
[13]**feuillage** foliage
[14]**sorcière** witch

[15]**étape** stage (of a race)
[16]**honte** shame

Quand Léopard sort du deuxième ruisseau, une autre fille de Tortue le salue en lui disant :

—Au revoir! À la prochaine étape!

Léopard croit faire un cauchemar. Il s'élance alors le plus rapidement qu'il peut. Quand il arrive au bord du dernier ruisseau, il entend encore une fois la foule acclamer la mère Tortue qui en sort. Elle a gagné la course!

La foule applaudit. Tout le monde chante et danse. On entend les tam-tams de la victoire. Alors, tout essoufflé, Léopard demande le silence et il s'adresse à la foule :

—Écoutez-moi tous. Cette Tortue est une sorcière! Elle ne peut pas gagner une course contre moi : ce n'est pas possible!

Les animaux n'écoutent pas. Ils ont été témoins de la victoire de Tortue. Ils reprennent leur ovation et couronnent Tortue. C'est la fête!

Quant à Léopard, il retourne chez lui, honteux, la queue[17] entre les jambes.

∞ fin ∞

---

[17]**queue** tail

Répondez aux questions en formant des phrases complètes chaque fois que c'est possible.

1. À quel moment de la journée devait se tenir l'assemblée des animaux? Choisissez la bonne réponse.

   a. L'assemblée devait se tenir au coucher du soleil.

   b. L'assemblée devait se tenir au lever du soleil.

   c. L'assemblée devait se tenir durant la nuit.

   d. L'assemblée devait se tenir le midi, en plein soleil.

2. L'idée de la course vient-elle de Léopard ou de Tortue? À quelle occasion cette idée est-elle proposée?

3. Quel plan imagine Tortue avec ses enfants pour gagner la course? Dessinez l'itinéraire de la course ainsi que les endroits où sont placées les tortues.

4. Il y a quelque chose d'illogique dans ce conte populaire. Qu'est-ce que c'est?

5. Lequel, de Tortue ou de Léopard, vous semble le plus sympathique? Donnez les raisons de votre réponse.

6. Trouvez dans le texte une phrase qui s'applique bien à l'illustration.

7. Approuvez-vous la manière d'agir de Tortue lors de ce concours? Donnez les raisons de votre réponse.

8. Comparez la réponse que vous avez donnée à la question numéro 5 à celle que vous venez de donner au numéro 7. Pensez-vous qu'un conteur peut influencer le jugement du lecteur en se montrant en faveur du peuple (les petits, les démunis) ou, au contraire, en faveur des dirigeants (les grands, les forts)?

9. Réécrivez ou racontez ce même récit en attirant cette fois la sympathie sur Léopard.

LA PIERRE BARBUE

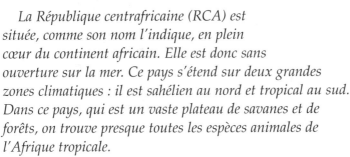

Superficie :
623 000 km²

Nombre d'habitants :
3,6 millions partagés entre
divers groupes
ethniques

Capitale : Bangui

La République centrafricaine (RCA) est
située, comme son nom l'indique, en plein
cœur du continent africain. Elle est donc sans
ouverture sur la mer. Ce pays s'étend sur deux grandes
zones climatiques : il est sahélien au nord et tropical au sud.
Dans ce pays, qui est un vaste plateau de savanes et de
forêts, on trouve presque toutes les espèces animales de
l'Afrique tropicale.

Le pays, malgré ses importantes ressources minières et
forestières, est pauvre et ses habitants vivent d'agriculture et
d'élevage.

Avant de faire la lecture du conte, répondez aux questions suivantes en formant des phrases complètes.

1. Lisez bien le titre du conte. Regardez aussi l'illustration. Que feriez-vous s'il vous arrivait de voir une pierre barbue[1]?

2. Pensez-vous que cette pierre est en vie?

Introduction

Le conte suivant est très populaire en Afrique. Il fait partie d'une série de contes pour rire (car les Africains aiment bien rigoler), mais il n'est pas sans portée morale, comme on peut le voir à la lecture.

Dans ce conte, il est question d'un genre de palmier[3], le rônier, qui pousse en Inde et en Afrique. Cet arbre est très utile : il donne des fruits comestibles[4] qui servent à préparer des boissons; ses feuilles servent à fabriquer des nattes, des paniers[5] et d'autres objets utiles.

Le personnage principal du conte fabrique des nattes[2] : on les place sur le sol pour y dormir, pour parler entre amis ou pour manger autour d'un petit feu de bois.

LA PIERRE BARBUE

Dans un village, il y avait un homme qui faisait des nattes avec des feuilles de rônier. C'était son travail. Quand il en avait fait plusieurs, il allait les vendre ou les échanger au marché contre de la nourriture pour sa famille.

Un matin, l'homme s'en va comme d'habitude cueillir[6] des feuilles pour faire ses nattes. En chemin, il traverse un champ rempli de roches. Soudain, il voit une pierre avec de la barbe, tout comme un homme. Très surpris, il l'observe de plus près pour bien la voir et éclate de rire[7] :

—Ha! Ha! Ha! Pas possible! Une pierre barbue! Ha! Ha! Ha!

L'homme n'a pas fini de parler qu'il tombe mort. Le soir, cependant, la pierre le ramène à la vie :

---

[1]**pierre barbue** bearded stone
[2]**nattes** mats
[3]**palmier** palm tree
[4]**comestibles** edible

[5]**paniers** baskets
[6]**cueillir** to gather
[7]**éclate de rire** bursts out laughing

—Tu peux te réveiller puisque c'est la première fois que tu
   me ris au nez[8]. Il n'y a jamais de seconde fois avec moi! Tu
   as ta leçon? C'est ce qui arrive à ceux qui rient de moi!
L'homme revient chez lui en courant. Il a eu très peur. Il raconte son aventure à sa femme. Puis, il va dormir. Toute la nuit, il
pense à ce qui lui est arrivé. Comme la nuit est bonne conseillère, il a une idée : il va se servir des pouvoirs de la pierre pour
donner à manger à sa famille.
   Le lendemain, en retournant au champ, l'homme rencontre
un petit mouton[9]. Il lui dit :
   —Viens avec moi. J'ai quelque chose à te montrer.
Le mouton le suit. L'homme l'amène près de la pierre barbue.
Quand le mouton aperçoit la fameuse pierre, il éclate de rire :
   —Oh! mais c'est une pierre barbue! Ha! Ha! Ha!
   En disant ces mots, le mouton tombe mort. Notre homme est
bien content. Il le prend sur ses épaules et l'apporte chez lui.
Puis, il le fait cuire très vite, afin de ne pas laisser à la pierre
barbue le temps de le réveiller. Ce soir-là, sa femme, ses enfants
et lui partagent un délicieux plat de mouton. L'homme est très
fier de lui :
   —J'ai là un bon truc[10]! se dit-il. Nous allons toujours manger
   à notre faim. Il suffit d'amener l'animal de mon choix
   devant la pierre barbue!
   Le lendemain matin, notre homme se lève et il se dit :
   —Aujourd'hui, j'ai le goût de manger[11] du poulet!
Il part donc à la recherche d'un poulet. Par chance, il en trouve
bientôt un :
   —Eh là! poulet, veux-tu rire? Viens avec moi : j'ai quelque
   chose à te montrer!
   —D'accord! répond le poulet.
L'homme part donc avec le poulet à ses côtés :
   —C'est la première fois, songe-t-il, que je marche à côté de
   mon repas du soir!
Quand l'homme et le poulet arrivent dans le champ de roches,
l'homme indique du doigt la fameuse pierre :
   —Mais qu'est-ce que c'est? dit le poulet. Une pierre à barbe?
   Ha! Ha! Ha! Une pierre à barbe!

---

[8]**tu me ris au nez** you laugh in my face
[9]**mouton** sheep

[10]**bon truc** good gimmick
[11]**j'ai le goût de manger** I feel like eating

En disant ces mots, le poulet tombe mort. L'homme prend le poulet et l'apporte à la maison. Ce soir, il va avoir un autre excellent dîner.

Voyant son mari rapporter de la viande chaque soir, la femme lui demande :

—Mais où trouves-tu tout cela, mon mari? Tu n'as jamais été si bon chasseur!

Alors, l'homme raconte à sa femme ses aventures avec la pierre à barbe :

—Je n'ai rien tué : c'est la pierre qui l'a fait!

—Tu es très intelligent, mon homme! dit la femme en embrassant son mari.

Le lendemain, à sa porte, notre homme voit un chien bien gras :

—C'est ma chance, se dit-il; ce soir, nous allons manger du chien!

Il dit au chien :

—Veux-tu rire un peu? Oui? Alors, viens avec moi : nous allons nous amuser!

Le chien suit l'étranger. Cependant, ce que l'homme ne sait pas, c'est que le chien sait tout. Il semblait dormir près de la porte, mais il a entendu ce que l'homme disait à sa femme.

Quand l'homme et le chien arrivent dans le champ de pierres, l'homme indique du doigt la pierre barbue. Le chien fait comme s'il ne voyait rien :

—Regarde là, là! dit l'homme. Tu ne vois pas, là?

—Je ne vois rien d'anormal, dit le chien. Qu'y a-t-il?

—Mais là, là!

—Où? Là?

—Mais tu ne vois donc pas cette pierre barbue? demande l'homme.

En disant ces mots, l'homme tombe mort de nouveau. Cette fois, c'est pour toujours, car la pierre ne réveille jamais ses victimes deux fois.

❖ *fin* ❖

Après la lecture

Répondez aux questions en formant des phrases complètes chaque fois que c'est possible.

1. Dans la première partie de ce texte, que se passe-t-il entre l'homme et la pierre à barbe? Choisissez la bonne réponse.
   a. L'homme ne remarque pas la pierre à barbe.
   b. L'homme amène la pierre à barbe pour la montrer à sa femme.
   c. L'homme rit de la pierre à barbe et tombe mort.
   d. L'homme se frappe sur la pierre à barbe et se blesse.

2. Quelle idée l'homme a-t-il durant la nuit suivant son retour à la vie?

3. L'homme essaie son idée sur trois victimes animales avec différents résultats. Pour en faire la revue, remplissez le tableau suivant :

Animal victime	Réaction devant la pierre	Effet
1er		
2e		
3e		

4. Remettez les phrases suivantes dans l'ordre du récit.
   a. L'homme pense qu'il a un bon truc pour nourrir sa famille.
   b. En voyant la pierre barbue, l'homme éclate de rire.
   c. Le chien dit qu'il ne voit rien d'anormal.
   d. Un matin, l'homme va cueillir des feuilles, comme d'habitude.
   e. L'homme tombe mort de nouveau et pour de bon.
   f. En disant « Une pierre à barbe! Ha! Ha! Ha! », le mouton tombe mort.
   L'ordre logique est le suivant : ____, ____, ____, ____, ____,
   ____.

5. Trouvez dans le texte une phrase qui s'applique bien à l'illustration.

6. Y-a-t-il une morale qui se dégage de cette histoire?

LE ROI DU DÉSERT

Superficie :
9 065 000 km²

Nombre d'habitants :
plus qu'un million et demi
d'habitants

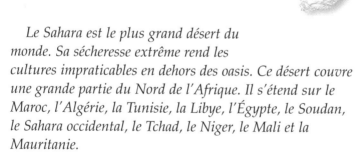

Le Sahara est le plus grand désert du
monde. Sa sécheresse extrême rend les
cultures impraticables en dehors des oasis. Ce désert couvre
une grande partie du Nord de l'Afrique. Il s'étend sur le
Maroc, l'Algérie, la Tunisie, la Libye, l'Égypte, le Soudan,
le Sahara occidental, le Tchad, le Niger, le Mali et la
Mauritanie.

Les populations du Sahara se rassemblent dans de
nombreux centres souvent distants les uns des autres de
plusieurs centaines de kilomètres, comme les oasis — on en
compte plus de 15 — et les villes frontières.

Avant de faire la lecture du conte, répondez aux questions suivantes en formant des phrases complètes.

1. Lisez bien le titre. Qui, d'après vous, est le roi du désert?

2. Regardez maintenant l'illustration : quels éléments (animaux et végétaux) y voyez-vous? Que se passe-t-il, d'après l'illustration?

3. Lisez maintenant le texte d'introduction du conte. Pouvez-vous découvrir un rapport avec ce qu'on y dit, le titre du conte et son illustration?

Introduction

Ce conte parle des difficultés des habitants du désert et de ses oasis. Ils doivent se battre non seulement contre la chaleur et les vents de sable mais aussi contre les sauterelles[1]. Ces insectes causent des dommages énormes aux pauvres cultures qu'on réussit à extraire du sol. En quelques heures, les sauterelles arrivent à détruire le travail d'une année. Personne ne peut leur résister.

Dans ce conte, on parle aussi du phénomène des mirages : à cause des reflets du soleil sur le sable ou sur le sel, on voit souvent au loin dans le désert apparaître ce qui semble être un lac. On observe ce genre de phénomène quand il fait chaud sur l'asphalte de nos routes. Cependant, quand on s'approche, on voit bien qu'il n'y a pas d'eau.

◈◈ LE ROI DU DÉSERT ◈◈

C et été-là, il faisait particulièrement chaud. Un lion s'était aventuré dans le désert et s'était perdu. Il avait marché durant deux jours sans retrouver son chemin. Autour de lui, il ne voyait que du sable. Ses pieds brûlaient. Il pensait qu'il allait mourir de chaleur et de soif.

Soudain, le lion aperçoit au loin un lac qui brille[2] au soleil. Alors, il reprend courage et se met à courir vers ce lac. Hélas! il a beau avancer, le lac s'éloigne toujours. Le pauvre lion comprend

---

[1]**sauterelles** grasshoppers   [2]**brille** shines

finalement que c'est un mirage, comme on en voit souvent sur les sables chauds du désert. Alors, découragé, il s'étend sur le sable et il finit par s'endormir de faiblesse.

La nuit passe et, au matin, le lion se réveille. Il reprend sa marche et arrive enfin à une petite oasis. Soulagé[3], il se couche à l'ombre fraîche d'un palmier[4] :

—Comme c'est bon d'être à l'ombre! dit le lion.

—Oui, il me fait plaisir de t'être utile, lion, dit le palmier. Tu vois, je suis la providence des habitants du désert. Ils ont besoin de moi. Vraiment, je suis le roi du désert.

Le roi des animaux dit d'un air d'autorité :

—Mais, cher ami, le roi, c'est plutôt moi! Tout le monde le sait. Je suis la terreur des animaux et des hommes. Il me suffit de rugir[5], et ils s'enfuient[6] tous devant moi.

—Toi, tu fais peur aux hommes. Moi, au contraire, je les aime et je les aide.

—Ah, vraiment, tu les aides!

—Oui, tant que je peux. Tout en nous, les palmiers, leur est utile. Grâce à notre ombre, ils peuvent supporter la chaleur du désert. Ils arrivent ainsi à survivre. Nous, les palmiers, en plus de l'ombre, nous leur donnons de la nourriture : des noix, de l'huile, du vin de palme. Avec nos fibres, ils peuvent aussi tisser[7] ou fabriquer des objets utiles. Toi-même, lion, tu as besoin de moi pour te protéger du soleil. Vraiment, je peux dire que je suis le vrai roi du désert.

Un oiseau vient alors interrompre cette conversation animée. Il se pose sur une des feuilles du palmier en criant :

—Attention! Danger! Le roi des sauterelles arrive avec toute son armée! Les sauterelles! Les sauterelles!

En entendant ce message, toute l'oasis s'agite : le palmier replie[8] ses branches, les herbes se couchent au sol, les gens entrent dans leur case et ferment la porte.

Déjà, on voit au loin venir un nuage jaune de sauterelles. Le lion sourit et dit au palmier :

—Le roi des sauterelles! Pauvre petit peuple! Vous avez peur d'un insecte gros comme une de mes griffes[9]! Moi, le roi, je ne vais pas fuir[10] devant un si petit ennemi!

---

[3]**soulagé** relieved
[4]**palmier** palm tree
[5]**rugir** to roar
[6]**s'enfuient** run away

[7]**tisser** weave
[8]**replie** folds up
[9]**griffes** claws
[10]**fuir** to run away

À cet instant, le nuage jaune des sauterelles arrive dans l'oasis avec un bruit infernal. Pour les chasser, les habitants de l'oasis sortent des pots et des chaudrons[11] de métal et les frappent pour faire le plus de bruit possible. Les hommes les plus forts creusent des tranchées[12] où viennent tomber des milliers de sauterelles. Plus tard, ils les feront griller pour les manger. Pour le moment, cependant, il faut éloigner ces insectes à tout prix.

Les sauterelles n'épargnent[13] aucune plante, aucun animal. Elles envahissent le palmier. Elles mangent ses feuilles, son tronc, ses fruits. Elles s'attaquent en même temps au lion. Elles entrent dans sa fourrure, en arrachent des touffes[14] et couvrent son corps d'un liquide verdâtre[15]. Elles lui dévorent les oreilles, entrent dans son nez et dans ses yeux. Quand le lion réussit à en écraser cent sous ses énormes pattes, des milliers d'autres viennent les remplacer.

Au bout de quelques heures, le roi des sauterelles reforme son armée et repart dans les airs. L'oasis est dévastée. Le palmier est rasé[16]; le lion est en pièces.

∞ *fin* ∞

---

[11]**chaudrons** cauldrons
[12]**tranchées** trenches
[13]**épargnent** spare

[14]**touffes** tufts
[15]**verdâtre** greenish
[16]**rasé** razed (to the ground)

Répondez aux questions en formant des phrases complètes chaque fois que c'est possible.

1. Où se trouve le lion au début du conte? Est-ce un endroit qui lui est familier?

2. Expliquez le mirage dont est victime le lion.

3. Pourquoi le lion dit-il qu'il est le roi?

4. Le palmier dit qu'il est le roi du désert parce qu'il est utile aux hommes qui y habitent. Nommez trois grands services rendus aux hommes par différentes sortes de palmiers.

5. L'oiseau vient annoncer l'arrivée d'un personnage important. Lequel? Comment réagissent les habitants de l'oasis à cette annonce?

6. Quels dommages font les sauterelles dans l'oasis?

7. Trouvez dans le texte une phrase qui s'applique bien à l'illustration.

8. Qui, selon vous, est le véritable roi du désert : le palmier? le lion? le roi des sauterelles? Donnez les raisons de votre réponse.

9. Pouvez-vous tirer une leçon de cette histoire?

10. a. Sur le modèle de cette histoire, imaginez une autre histoire entre trois personnages : deux d'entre eux sont forts et puissants; le troisième est faible mais il finit par dominer les deux autres.

    b. Connaissez-vous d'autres contes où un personnage faible ou petit est victorieux de personnages puissantes ou de taille imposante?

TORTUE VISITE FAUCON

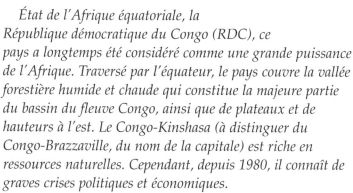

Superficie :
2 344 885 km^2

Nombre d'habitants :
55,2 millions partagés en plus
de 200 ethnies

Capitale : Kinshasa

  *État de l'Afrique équatoriale, la
République démocratique du Congo (RDC), ce
pays a longtemps été considéré comme une grande puissance
de l'Afrique. Traversé par l'équateur, le pays couvre la vallée
forestière humide et chaude qui constitue la majeure partie
du bassin du fleuve Congo, ainsi que de plateaux et de
hauteurs à l'est. Le Congo-Kinshasa (à distinguer du
Congo-Brazzaville, du nom de la capitale) est riche en
ressources naturelles. Cependant, depuis 1980, il connaît de
graves crises politiques et économiques.*
  *La République démocratique du Congo constitue un
véritable carrefour humain. On y trouve des cultures variées
aux riches traditions orales : le conte, la fable, les devinettes
et les proverbes y sont très prisés.*

Avant de faire la lecture du conte, répondez aux questions suivantes en formant des phrases complètes.

I. Lisez bien le titre. Regardez aussi l'illustration. Qu'y voyez-vous?

2. Savez-vous où habitent normalement les tortues[1]? Et les faucons?

3. Regardez l'illustration. Pouvez-vous imaginer comment la tortue a pu se trouver au sommet d'un si grand arbre?

4. Lisez le texte de présentation du conte. On y parle de deux aspects de la vie africaine. Lesquels?

Introduction

Dans le conte suivant, il est question du devoir d'hospitalité. Les Africains reçoivent les étrangers avec la plus grande considération. En plus de les loger et de les nourrir, ils leur font des présents d'hospitalité. À plus forte raison, ils reçoivent leurs amis avec la plus grande générosité.

Dans les contes traditionnels de l'Afrique noire, le thème de la place de chacun dans l'univers revient très souvent : les oiseaux volent dans le ciel; les animaux habitent la terre; les poissons vivent dans la mer. Si un être vivant décide de ne pas respecter sa place dans l'univers, on croit qu'il va inévitablement lui arriver un malheur.

TORTUE VISITE FAUCON

Dans ce temps-là, les corps des animaux étaient encore en évolution. Ainsi, l'hyène avait le dos bien droit; la tortue avait une carapace[2] bien lisse[3]; l'éléphant avait un tout petit nez au lieu d'une trompe[4]. De plus, tous les animaux étaient amis. Le lion jouait avec le lièvre[5] et le promenait sur son dos. Le léopard s'amusait avec le sanglier[6]; le renard[7] avec la poule; le chat avec le chien. Petit à petit, cependant, les petits défauts[8]

---

[1]**tortues** tortoises
[2]**carapace** tortoise shell
[3]**lisse** smooth
[4]**trompe** trunk

[5]**lièvre** hare
[6]**sanglier** wild pig
[7]**renard** fox
[8]**défauts** faults

de chacun sont apparus. Des hostilités sont alors nées entre différentes espèces d'animaux.

Voici comment tout a commencé entre Tortue et Faucon.

Tortue était l'amie de Faucon, même s'ils habitaient loin l'un de l'autre. Faucon avait son nid[9] en haut d'un grand arbre. Il y vivait avec sa femme et ses quatre enfants. Quant à Tortue, elle avait installé sa case[10] sur la plage. Tortue et Faucon aimaient bien faire la conversation quand ils se rencontraient. Tortue racontait ses aventures en mer; Faucon, ses aventures dans les airs.

Un jour, Tortue, qui est hospitalière et généreuse, invite Faucon à dîner. Elle veut lui présenter sa famille. Faucon aime bien manger et il est avare. Alors, il accepte l'invitation avec grand plaisir, d'autant plus qu'il sait que Tortue est bonne cuisinière :

—Un repas gratuit, et surtout chez Tortue, il ne faut pas refuser cela! se dit-il.

Faucon trouve le repas délicieux. En plus, comme présent d'hospitalité, Tortue offre à son invité une boite de galettes qu'elle a faites elle-même. Faucon, très content, remercie son hôtesse. Comme on lui a enseigné les règles de la civilité, il doit cependant — bien malgré lui — lui rendre l'invitation. Alors, avant de s'envoler vers le sommet de son arbre, il dit à Tortue, en riant en lui-même :

—Nous t'attendons aussi chez nous, Tortue. Je veux à mon tour te présenter ma femme et mes enfants!

Faucon se dit en lui-même :

—Comme Tortue est très lourde et qu'elle n'a pas d'ailes, elle ne pourra jamais se rendre chez moi!

Le soir, Faucon raconte son aventure avec Tortue à sa femme et à ses enfants. Toute la famille rit à l'idée d'inviter une tortue en haut d'un grand arbre.

De son côté, Tortue réfléchit. Elle n'aime pas faire rire d'elle. Alors, elle a une idée. Après avoir trouvé une boite assez grande pour s'y cacher, elle dit à ses enfants :

—Nous allons nous venger de Faucon. Je n'aime pas le voir rire de moi. Je vais me cacher dans cette boite. Vous, vous allez faire un joli paquet. Nous allons l'inviter à venir prendre son cadeau surprise demain. Ce sera moi, le

---

[9]**nid** nest
[10]**case** hut

cadeau. Faucon va m'emporter lui-même chez lui! Quelle
surprise il aura!
Les enfants sont bien contents de participer à la vengeance de
leur mère.

Évidemment, Faucon ne se fait pas prier pour venir chercher
son cadeau chez Tortue. Quand il arrive, les enfants lui disent :
—Notre mère n'est pas là. Cependant, elle a laissé ce gros
cadeau pour vous.
—Dites-lui un gros merci pour moi, répond Faucon,
visiblement très content.
—Vous allez sûrement avoir l'occasion de la remercier vous-
même plus tard! répondent les enfants.
Puisque Tortue n'est pas à la maison, Faucon part tout de
suite. Tout content, il vole chez lui avec le lourd présent. Quand
Faucon arrive à sa case en haut de l'arbre, sa femme et ses
enfants, tout excités devant ce lourd présent, sautent de joie.
Ils aiment les surprises!

Quelle surprise en effet. Quand ils ouvrent le cadeau, c'est
Tortue qui est là en personne, transportée dans les airs par
Faucon lui-même!

Étonné et humilié, Faucon dit à sa visiteuse, en riant un peu
jaune[11] :
—Ce qu'il me fait plaisir de te recevoir chez moi, Tortue! Tu
voulais me faire la surprise? Pour une surprise, c'en est
une bonne! Mais comment vas-tu faire pour redescendre?
Ce disant, tout en jetant le papier, Faucon accroche[12] Tortue et
la jette en bas de l'arbre.
—Pauvre Tortue! disent les enfants de Faucon. Elle semblait
pourtant bien gentille!
—Ce n'est pas une raison pour la recevoir à notre table,
répond Faucon! C'est sa maladresse[13] qui l'a perdue!
Tortue ne s'est pas fait mal, grâce à sa carapace. Elle est de
plus tombée dans le sable mou[14], entre les pierres. Cependant,
sa carapace a été endommagée. Tortue a compris qu'elle devait,
à l'avenir, mieux choisir ses amis!

Et c'est depuis ce temps que la carapace des tortues est toute
craquelée[15].

❖❖❖ *fin* ❖❖❖

---

[11]**en riant jaune** forcing himself to laugh [14]**sable mou** soft sand
[12]**accroche** hooks [15]**craquelée** covered with fine cracks
[13]**maladresse** clumsiness

Répondez aux questions en formant des phrases complètes chaque fois que c'est possible.

I. Où habitent les deux personnages du récit?

2. Pourquoi Faucon rit-il en lui-même quand il invite Tortue à dîner chez lui? Choisissez la bonne réponse.
   a. Faucon rit en lui-même parce qu'il a toujours du plaisir avec Tortue.
   b. Faucon rit en lui-même parce qu'il n'en a pas encore parlé à sa femme.
   c. Faucon rit en lui-même parce qu'il sait que Tortue ne peut pas monter en haut de son palmier.
   d. Faucon rit en lui-même parce qu'il ne sait pas faire à manger aussi bien que Tortue.

3. Remettez les phrases suivantes dans l'ordre du récit.
   a. Tortue ne s'est pas blessée.
   b. Faucon emporte Tortue dans une boite au sommet de son arbre.
   c. Les petites tortues font un joli paquet avec leur mère dedans.
   d. Depuis ce jour, la carapace des tortues est craquelée.
   e. Faucon accroche Tortue et la jette en bas de l'arbre.
   f. Tortue invite Faucon à dîner.
   L'ordre logique est le suivant : _____, _____, _____, _____, _____, _____.

4. Donnez deux raisons pour lesquelles Tortue ne s'est pas fait mal en tombant.

5. Trouvez dans le texte une phrase qui s'applique bien à l'illustration.

6. Donnez des leçons que vous pouvez tirer de cette histoire en vous plaçant de point de vue de chacun des personnages suivants :
   a. Faucon;
   b. Tortue.

DEPUIS QUAND LES ÉLÉPHANTS ONT-ILS UNE TROMPE?

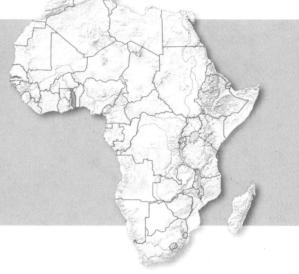

Superficie :
56 000 km^2

Nombre d'habitants :
5,3 millions partagés
en plus de 30 ethnies
différentes

Capitale : Lomé

    État de l'Afrique de l'Ouest sur le golfe de Guinée, le Togo est le plus petit des États de l'Afrique francophone. Le Togo est tout en longueur, du nord au sud, entre le Ghana et le Bénin et s'ouvre au sud sur le golfe de Guinée. Son climat est sahélien au nord et équatorial au sud. La population est composée à 60 % de jeunes de moins de 20 ans. Ses habitants se regroupent surtout dans les deux extrémités du pays et vivent d'agriculture. Cependant, les récoltes y sont difficiles à cause de l'irrégularité des pluies.

    Le Togo a réussi à garder intactes ses traditions : sa religion (l'animisme), ses mœurs, ses coutumes, ses chants et ses danses.

Avant de faire la lecture du conte, répondez aux questions suivantes en formant des phrases complètes.

1. Lisez bien le titre du conte. Regardez aussi l'illustration. D'après vous, que se passe-t-il entre l'éléphant et le serpent?

2. Lisez le texte de présentation du conte. Qu'est-ce qu'un conte « étiologique »?

Introduction

Le conte qui suit fait partie des contes appelés étiologiques, c'est-à-dire qui étudient la cause des phénomènes observés. Pourquoi ou depuis quand la carapace de la tortue[1] a-t-elle des craques? Pourquoi le crabe marche-t-il de côté? Pourquoi l'éléphant n'a-t-il pas de fourrure[2]? Les contes peuvent donner des explications fantaisistes à toutes les questions relatives au physique ou aux façons de vivre des animaux.

❖❖ DEPUIS QUAND LES ❖❖ ÉLÉPHANTS ONT-ILS UNE TROMPE[3]?

Il y a de cela très très longtemps, les choses et les bêtes n'avaient pas encore leur apparence définitive. La plupart des animaux parlaient. Il y avait des animaux énormes comme des monstres marins, des oiseaux gigantesques et d'immenses serpents crachant[4] le feu.

Dans ce temps-là, l'éléphant existait déjà, mais il était très différent d'aujourd'hui. Il était immense, avec des oreilles grandes comme des feuilles de bananiers[5] et deux énormes défenses[6] d'ivoire. Son physique était imposant, mais il semblait mal proportionné : cette énorme bête avait une petite tête, des petits yeux, une petite bouche et, avec ça, un tout petit nez. Les autres animaux riaient de lui :

—Oh! Le délicat petit nez! Comme c'est mignon! disaient-ils.

Le hasard, cependant, allait arranger les choses. Mère Nature y veillait!

---

[1]**tortue** tortoise
[2]**fourrure** fur
[3]**trompe** trunk

[4]**crachant** spitting
[5]**bananiers** banana trees
[6]**défenses** tusks

Un jour, il y a eu un combat entre un dragon et un serpent très long. Le dragon était très fort et il crachait du feu. Le serpent essayait de se défendre, et le dragon, dans sa fureur, a coupé le serpent en plusieurs pièces. Ensuite, il les a lancées aux animaux sauvages qui les ont toutes dévorées sauf une, qu'ils ont oubliée dans l'herbe.

On dit que le serpent, quand on le coupe, continue à vivre : la partie coupée essaie de retrouver le reste de son corps. C'est du moins ce que faisait la section oubliée du serpent. Elle se promenait dans les herbes hautes en cherchant son corps.

Ce jour-là précisément, l'éléphant décide d'aller paître[7] dans la plaine. Il a cependant beaucoup de difficulté à se nourrir. À cause de ses longues défenses, en effet, il ne peut atteindre l'herbe verte près du sol. Même s'il a très chaud et très soif, il doit se contenter des herbes plus longues, qui sont toutes sèches.

Soudain, l'éléphant sent comme un long bâton mou qui se colle[8] à son nez. Il cherche à se défaire de cette chose bizarre. Il agite la tête en tous sens, essaie de se dégager[9] le visage avec l'aide de sa patte et de ses oreilles, il se frotte la tête sur un arbre, tout cela sans succès.

Soudain il entend, tout près de son oreille, une petite voix. C'est le serpent :

—Garde-moi! Garde-moi! Je t'en supplie. Je vais t'aider! Je peux même t'être très utile!

—Va-t-en de là, vilain serpent!

Le serpent veut absolument se faire accepter. Si l'éléphant le garde, il va pouvoir survivre. Alors, bien attaché au nez de l'éléphant, il coupe de jeunes feuilles en haut d'un arbre et il les met dans la bouche de l'éléphant.

—Ah! C'est gentil, tout de même, dit l'éléphant. Comme c'est bon!

—En voici d'autres : je peux t'en servir comme celles-ci autant que tu le désires.

L'éléphant trouve le feuillage[10] délicieux. Il n'agite plus ses oreilles. Sentant sa victoire proche, le serpent se courbe[11] dans l'herbe fraîche qui pousse à l'ombre près du sol. Il offre alors à l'éléphant un bouquet de feuilles si tendre que l'éléphant est tout à fait conquis[12].

---

[7]**paître** to graze
[8]**se colle** attaches itself
[9]**dégager** to extricate, to free

[10]**feuillage** foliage
[11]**se courbe** bends down
[12]**conquis** won over

Alors, l'éléphant s'assoit et caresse son nouveau nez :

—Pas si mal, après tout! D'accord, faisons équipe! dit-il au serpent.

—Très bien, dit le nouveau nez. Et maintenant, amène-moi près de ce puits[13].

—Je veux bien, dit l'éléphant, mais je ne suis pas capable de tirer de l'eau[14]!

—Laisse-moi faire! dit le nez.

Quand l'éléphant arrive près du puits, le serpent y plonge et hop! il l'asperge[15] généreusement. L'éléphant n'a jamais pris une si bonne douche!

Alors, l'éléphant devient très heureux de sa métamorphose. Il va désormais[16] vivre une vie de pacha[17], servi en tout par son nouveau serviteur.

Depuis ce temps, tous les éléphants ont une trompe. Ils ne peuvent plus s'en passer[18]!

∞∞∞ *fin* ∞∞∞

Après la lecture

Répondez en formant des phrases complètes chaque fois que c'est possible.

1. À quel moment de l'histoire du monde se situe l'aventure?

2. Quelle était alors l'apparence physique de l'éléphant? Choisissez la bonne réponse.

    a. L'éléphant avait une trompe derrière lui.

    b. L'éléphant était tout petit mais avait une énorme tête.

    c. L'éléphant n'avait pas encore de trompe mais un tout petit nez.

    d. L'éléphant n'avait pas encore de défenses.

3. Pourquoi le serpent cherchait-il à s'accrocher au visage de l'éléphant?

---

[13]**puits** well
[14]**tirer de l'eau** drawing water
[15]**asperge** sprays

[16]**désormais** from now on
[17]**vie de pacha** life of luxury
[18]**s'en passer** do without it

4. Pourquoi l'éléphant a-t-il finalement accepté de garder le serpent dans son visage? Choisissez la bonne réponse.

   a. Il l'accepte parce qu'il veut aider le serpent à survivre.

   b. Il l'accepte parce qu'il trouve cette nouvelle trompe bien utile dans la vie.

   c. Il l'accepte parce qu'il a toujours été très ami avec le serpent.

5. Remettez les phrases suivantes dans l'ordre du récit.

   a. Le serpent sert de l'herbe fraîche à l'éléphant.

   b. L'éléphant ne pouvait pas manger l'herbe tendre à cause de ses longues défenses.

   c. L'éléphant est maintenant très content d'avoir une trompe.

   d. Les animaux, dans ce temps-là, n'avaient pas encore leur forme définitive.

   e. L'éléphant sent soudain comme un bâton mou qui s'attache à son nez.

   L'ordre logique des phrases est le suivant : _____, _____, _____, _____, _____.

6. Pouvez-vous retirer une leçon de cette histoire? Laquelle?

7. Inventez cinq sujets de contes étiologiques (voir l'introduction de ce conte).

   —Pourquoi ou depuis quand...

   —Pourquoi ou depuis quand...

   —Pourquoi ou depuis quand...

   —Pourquoi ou depuis quand...

   —Pourquoi ou depuis quand...

8. Développez un de ces sujets. Illustrez votre conte.

15 Seychelles

LES CADEAUX ENCHANTÉS DE LA REINE DE LA MER

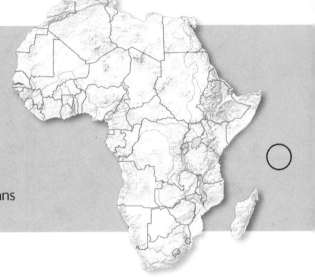

Superficie :
une centaine d'îles
étalées sur plus de
454 km²

Nombre d'habitants :
environ 80,000

Capitale : Victoria (dans
l'île Mahé)

État insulaire constitué par un archipel de l'océan
Indien, au nord-est de Madagascar, les Seychelles ont sans
doute été colonisées par des voyageurs commerçants venant
du cap de Bonne-Espérance, de la mer Rouge, de l'Europe et
du sous-continent indien.

Les Seychelles sont reconnues comme un paradis sous les
tropiques. Leurs belles plages et leur climat tropical attirent
les touristes du monde entier. La population y est métissée :
c'est un mélange d'Africains (en majorité), d'Européens et
d'Asiatiques. Chaque population y est venue avec ses usages
et sa langue : on y parle des langues africaines ainsi que le
français, l'anglais et le créole. La population y vit de
tourisme, de pêche et d'agriculture.

Avant de faire la lecture du conte, répondez aux questions suivantes en formant des phrases complètes.

1. Lisez bien le titre du conte. Lisez aussi le texte d'introduction. Qu'est-ce qu'un cadeau enchanté? Connaissez-vous des contes où il est question de présents enchantés? Si oui, lesquels?

2. Regardez aussi l'illustration. Que se passe-t-il? D'où vient cette chèvre[1], d'après vous?

Introduction

Le conte qui suit fait partie de la série des cadeaux enchantés, c'est-à-dire dotés[2] de pouvoirs magiques. Ici, la Reine de la mer a pitié du pauvre pêcheur. Elle veut l'aider, par ses présents, à sortir de sa misère.

 ## LES CADEAUX ENCHANTÉS DE LA REINE DE LA MER

Il y avait une fois un homme et une femme très pauvres. L'homme était pêcheur. Il travaillait beaucoup, mais il n'avait pas de chance. Il n'arrivait pas à nourrir sa famille.

Un jour, l'homme va pêcher à la mer comme d'habitude. Tout en pêchant, il remarque, sur le rivage, une petite pirogue[3] qui semble abandonnée. Quand il retourne à la maison, le soir, le propriétaire[4] de l'embarcation[5] n'est toujours pas revenu. Les jours suivants, le pêcheur revient au même endroit et il voit la pirogue qui est toujours là.

Un soir, il dit à sa femme :

—Vraiment, cette pirogue semble m'attendre.

—Si elle est abandonnée, prends-la, mon mari. Sinon, quelqu'un d'autre va la prendre!

—Tu as raison. Demain, si elle est encore là, je la prends!

Le lendemain, la pirogue est toujours au même endroit. Alors, le pêcheur s'embarque et va pêcher au large[6].

---

¹**chèvre** goat
²**dotés** endowed
³**pirogue** dugout canoe

⁴**propriétaire** owner
⁵**embarcation** small boat
⁶**au large** in the open sea

Malheureusement, notre pêcheur n'a pas plus de chance au large. Il pêche toute la journée sans prendre aucun poisson. Cependant, au moment où il pense rentrer chez lui, il sent un énorme poids au bout de sa ligne. Comme il est seul, il a peur. Il s'arme donc de sa pagaie[7] pour assommer[8] le monstre et reprendre sa canne à pêche[9]. Soudain, il entend une douce voix qui lui dit :

—Écoute, mon ami. N'aie pas peur. Je suis la Reine de la mer et de la prospérité.

—Oh! crie le pêcheur, une reine!

—Je sais que tu n'as pas de chance. Prends cette chèvre que je te donne. Regarde. Elle est derrière toi dans la pirogue. C'est un animal enchanté. Quand tu lui demandes de l'argent, elle t'en donne. Retourne chez toi et sois heureux avec ta femme et tes enfants. Désormais[10], vous n'allez jamais plus souffrir de la faim. Adieu!

L'homme prend la chèvre et retourne chez lui avec son cadeau. Sur son chemin, il rencontre une cousine. Voyant la jolie chèvre, la femme est curieuse :

—Viens faire un tour chez moi, dit-elle, en espérant apprendre d'où vient le bel animal.

—Je dois rentrer à la maison. J'ai hâte de montrer ma chèvre à ma femme!

—Il est bien tard, et tu demeures si loin. Viens donc dormir chez nous. Mon mari va être heureux de te voir. Nous allons parler de la famille!

L'homme ne peut pas refuser l'hospitalité de sa cousine. Durant le dîner, elle le fait parler. Il révèle alors le secret de sa chèvre enchantée. Puis, il va dormir dans la case[11] qu'on lui a préparée.

Lorsque le cousin est bien endormi, la femme lui vole sa chèvre et la remplace par une autre semblable. Au matin, l'homme prend cette chèvre et rentre chez lui. D'un air triomphant, il dit à sa femme :

—Ma femme, notre misère est finie!

Alors, il met la chèvre sur le lit des enfants qui dorment encore et il dit :

—Belle chèvre, donne-nous de quoi manger pour la semaine.

---

[7]**pagaie** paddle
[8]**assommer** to knock out
[9]**canne à pêche** fishing rod

[10]**Désormais** From now on
[11]**case** hut

En réponse, la pauvre chèvre fait ses besoins[12] sur les enfants et se met à bêler[13]. La femme croit que son mari est devenu fou. Cependant, quand il lui raconte son aventure, la femme lui dit :

—Sais-tu, je ne fais pas confiance à la cousine. Je suis sûre que la Reine de la mer ne t'a pas menti. Retourne la voir et demande-lui une autre chèvre magique.

—Tu as raison, dit le pêcheur en prenant courage.

Le lendemain, le mari retourne à la mer. Après une autre journée de pêche sans prendre de poisson, il sent de nouveau au bout de sa ligne la présence de la Reine de la mer. Elle écoute les mésaventures du pêcheur et lui dit :

—Tu dois absolument reprendre possession de la chèvre que je t'ai donnée. Prends ce bâton magique. Il va t'être utile pour chasser les importuns[14].

Le pauvre homme se dit que ce n'est pas ce petit bâton qui va lui donner à manger, mais il le prend quand même et retourne vers sa maison, bien triste.

En chemin, notre pêcheur rencontre encore la cousine qui lui dit :

—Tu n'as pas l'air très heureux aujourd'hui. Que se passe-t-il? Et quel est cet objet que tu tiens si précieusement? Est-ce encore un présent de la Reine de la mer?

—Ce n'est rien. Seulement un bout de bois que j'ai pris dans la forêt, répond le pêcheur.

La femme, sentant qu'il lui cache quelque chose, l'invite encore chez elle. L'homme accepte, car il a une idée. Après tout, ce petit bâton destiné à éloigner les importuns peut lui servir :

—Très bien. J'accepte. Tu fais de bons repas, et je m'amuse avec toi, répond-il.

Le soir, il mange, il boit et il va dormir en laissant son bâton près du lit. La cousine n'attend que ce moment. Elle se dit que, comme la chèvre, le bâton doit avoir des propriétés magiques. Elle vole donc le bâton, mais celui-ci se met à la poursuivre et à la frapper. Il la frappe, la frappe encore en la poussant dehors. Il la pousse jusqu'à la chèvre magique qui est attachée à un arbre et il continue de la frapper. La cousine crie de douleur :

—Arrête! Arrête! Aïe! Aïe! Aïe!

Mais le bâton frappe toujours. Alors, elle abandonne :

—Ça va. J'ai compris! Cesse de me frapper!

---

[12]**fait ses besoins** does his business
[13]**bêler** to bleat

[14]**importuns** troublesome people

Elle détache alors la chèvre et la ramène à la maison. Le bâton la suit dans les airs. Elle court réveiller le pêcheur, lui remet sa chèvre et son bâton et lui ordonne de partir.

—Va-t-en, sorcier! Apporte tes affaires et ne reviens
 surtout plus!

L'homme rentre chez lui avec sa chèvre et son bâton. En arrivant, il dit à la chèvre :

—Ma chèvre, donne-nous de l'argent.

La chèvre lève la patte et fait un gros tas[15] de pièces d'or. De quoi acheter de la nourriture pour manger bien longtemps et acheter des vêtements neufs à toute la famille.

Ce soir-là, les deux époux font dormir la chèvre dans leur chambre, à côté du bâton magique. Grâce à elle, ils vont pouvoir vivre sans problèmes. Tous leurs voisins s'étonnent de leur fortune, mais le couple garde jalousement son secret.

Et moi qui passais par là, j'ai voulu voir la fameuse chèvre. En m'approchant, j'ai vu un bâton venir vers moi, prêt à me frapper. Il m'a donné un bon coup et je suis montée tout droit dans les airs. C'est pour cela que je me retrouve ici pour vous raconter cette histoire.

∞ *fin* ∞

---

[15]**tas** pile

Répondez aux questions en formant des phrases complètes chaque fois que c'est possible.

I. D'après vous, qui a laissé sur le rivage la pirogue qui semble abandonnée? Choisissez la bonne réponse et donnez les raisons de votre choix.

    a. la cousine du pêcheur

    b. un autre pêcheur

    c. la Reine de la mer

    d. la femme du pêcheur

2. Quels sont les deux présents offerts par la Reine de la mer? Quelle est l'utilité de chacun de ces présents?

3. Qui le pêcheur rencontre-t-il sur son chemin? Cette personne lui veut-elle du bien? Donnez les raisons de votre réponse.

4. Trouvez dans le texte une phrase qui s'applique bien à l'illustration.

5. Comment se comporte la première chèvre que le pêcheur rapporte à la maison? Et la seconde?

6. À quoi sert au pêcheur le bâton qu'il reçoit de la Reine de la mer?

7. Remettez les phrases suivantes dans l'ordre du récit.

    a. La Reine de la mer offre au pêcheur un bâton magique.

    b. La cousine du pêcheur vole la chèvre enchantée et la remplace par une autre.

    c. La cousine vole le bâton, mais celui-ci la poursuit en la battant.

    d. La Reine de la mer donne au pêcheur une chèvre magique.

    e. La cousine ordonne au pêcheur de partir avec sa chèvre et son bâton.

    L'ordre logique est le suivant : ____, ____, ____, ____, ____.

8. Quelles sont les diverses leçons que vous pouvez retirer de ce conte?

9. Connaissez-vous un autre conte qui parle d'objets magiques? Racontez-le oralement ou par écrit.

LE PRÉTENDANT ASTUCIEUX

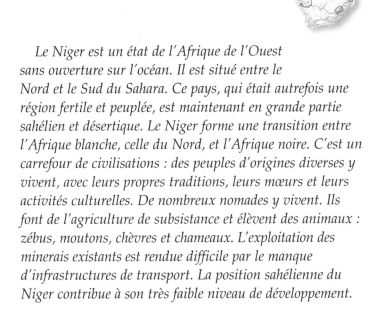

Superficie :
1 267 000 km^2

Nombre d'habitants :
environ 10,6 millions
partagés entre diverses
ethnies

Capitale : Niamey

Le Niger est un état de l'Afrique de l'Ouest
sans ouverture sur l'océan. Il est situé entre le
Nord et le Sud du Sahara. Ce pays, qui était autrefois une
région fertile et peuplée, est maintenant en grande partie
sahélien et désertique. Le Niger forme une transition entre
l'Afrique blanche, celle du Nord, et l'Afrique noire. C'est un
carrefour de civilisations : des peuples d'origines diverses y
vivent, avec leurs propres traditions, leurs mœurs et leurs
activités culturelles. De nombreux nomades y vivent. Ils
font de l'agriculture de subsistance et élèvent des animaux :
zébus, moutons, chèvres et chameaux. L'exploitation des
minerais existants est rendue difficile par le manque
d'infrastructures de transport. La position sahélienne du
Niger contribue à son très faible niveau de développement.

Avant de faire la lecture du conte, répondez aux questions suivantes en formant des phrases complètes.

1. Lisez bien le titre du conte. Regardez aussi l'illustration. Que fait le jeune homme pendant que la jeune fille a le dos tourné?

2. Lisez le texte de présentation et le premier paragraphe du conte. Pouvez-vous maintenant faire un lien[1] entre l'illustration et le titre?

Introduction

Dans les contes de l'Afrique noire, quand des parents annoncent qu'ils ont une fille à marier, les prétendants[2] se présentent. Il est souvent question de concours[3] entre les prétendants. Le garçon doit d'abord faire ses preuves[4] auprès de son futur beau-père. Ce conte, comme celui du Tchad intitulé *Un concours truqué,* montre comment les jeunes gens réussissent à contourner les règles des mariages organisés. De plus en plus, d'ailleurs, en Afrique, les jeunes choisissent eux-mêmes leur futur mari ou leur future femme.

Dans le conte du Tchad, on voit une fille utiliser la ruse pour choisir son époux lors d'un concours entre ses prétendants. Ici, c'est le garçon qui utilise la ruse pour gagner la main de la fille.

Dans ce conte, il est question d'un jeune homme du peuple Touareg. Ce peuple nomade vit dans plusieurs pays du Sahara central (Libye, Niger, Mali, Burkina, Tchad), mais il n'appartient à aucun état. Ces hommes du désert sont fiers et indépendants.

◇◇ LE PRÉTENDANT ASTUCIEUX[5] ◇◇

Il y avait une fois des parents qui avaient une fille à marier. La jeune fille était gentille, très belle et très intelligente. Plusieurs garçons voulaient l'épouser. Cependant, la jeune fille aimait les hommes sveltes. Elle n'aimait pas voir les hommes prendre du poids avec l'âge. Elle cherchait donc un mari capable de se priver[6] de nourriture pendant un certain temps.

---

[1]**lien** link
[2]**prétendants** suitors
[3]**concours** competition

[4]**faire ses preuves** to give proof of his abilities
[5]**astucieux** shrewd, cunning
[6]**se priver** to do without

La jeune fille va voir son père et lui demande de lancer un concours un peu spécial entre ses prétendants. Elle ne veut se marier qu'avec un homme capable de rester dix jours sans manger ni boire. Le père trouve l'idée bizarre, mais il accepte la demande de sa fille.

Huit prétendants se présentent au concours. Le premier reste quatre jours sans manger ni boire. Puis, il demande grâce. Le deuxième jeûne[7] sept jours. Les six prétendants suivants n'arrivent pas, non plus, à jeûner plus longtemps.

La jeune fille allait réduire ses exigences[8] quand arrive un jeune Touareg. Il dit qu'il peut facilement réussir l'épreuve. La jeune fille est charmée, d'autant plus que le garçon lui plaît.

Or, ce prétendant est très astucieux. Il a pris la précaution de cacher de la bouillie de mil[9] dans son carquois[10]. Ainsi, chaque fois que la jeune fille a le dos tourné, il en prend une bonne gorgée[11]. Il arrive ainsi facilement à passer dix jours devant la jeune fille sans manger. À la fin des dix jours, la fille, plus que satisfaite, dit à son père :

—Père, ce garçon a réussi à jeûner pendant dix jours. C'est lui qui va devenir mon mari!

Comme les deux jeunes gens ont déjà passé dix jours ensemble, ils croient commencer à se connaître assez bien. Alors, comme ils se plaisent beaucoup, ils se marient. Un an plus tard, ils ont un premier enfant. Les deux époux sont très heureux.

Un jour, la femme va, comme d'habitude, chercher de l'eau au puits[12]. À son retour à la case[13] familiale, elle voit son mari bercer[14] leur enfant dans ses bras. Elle s'arrête quelques minutes pour observer la scène. Le père improvise une chanson pour son enfant :

La, la, la
Hi! Hi! Hi!
Mon cher petit
Grâce à la bouillie
Cachée dans mon carquois
Je vous ai gagnés, ta mère et toi!
La, la, la
Hi! Hi! Hi!

---

[7]**jeûne** fasts
[8]**exigences** demands
[9]**bouillie de mil** millet porridge
[10]**carquois** quiver

[11]**gorgée** gulp
[12]**puits** well
[13]**case** hut
[14]**bercer** rocking

Quand l'épouse entend les mots de cette chanson, elle se met en colère. Elle se sent trahie[15]. Alors, même si elle aime beaucoup son mari, elle prend l'enfant et dit :

—Ah! Vraiment? C'est comme cela que tu as réussi le concours! Tu as triché[16]. Tu m'as trompée[17]. Je ne veux pas d'un mariage basé sur le mensonge! Je quitte la maison. Adieu!

—Mais non! répond le mari qui a toujours une explication toute prête. Cette chanson-là, tous les Touaregs la chantent en parcourant la savane à dos de chameau[18]. En promenant ma fille dans mes bras, je me souvenais de ces promenades. Crois-moi!

—Menteur! dit la femme en prenant ses affaires.

La femme pose l'enfant sur son dos et elle part à pied dans la savane. Le mari est bien déçu d'avoir montré son jeu. Comme il aime beaucoup sa femme et son enfant, il a une idée. Il s'enveloppe dans un burnous[19], prend un chameau au village et part à sa poursuite. Quand il passe à côté de sa femme, elle ne le reconnaît pas sous son déguisement. Alors, le mari se met à chanter en changeant sa voix :

La, la, la
Hi! Hi! Hi!
Mon cher petit
Grâce à la bouillie
Cachée dans mon carquois
Je vous ai gagnés, ta mère et toi!
La, la, la
Hi! Hi! Hi!

—Comme je suis sotte! se dit la femme. Mon mari m'a sûrement dit la vérité : tous les Touaregs chantent cette chanson-là. Et moi, je ne l'ai pas cru. Pauvre chéri!

Alors, la femme retourne sur ses pas et revient à la maison. Son mari, à dos de chameau, revient plus rapidement qu'elle. Il traverse la savane à grand galop[20], enlève son costume et s'assoit devant la case la face dans les mains, faisant semblant de pleurer.

---

[15]**trahie** betrayed
[16]**triché** cheated
[17]**trompée** tricked
[18]**chameau** camel

[19]**burnous** burnous (hooded Arab or Berber cloak)
[20]**à grand galop** at a full gallop

Quand la femme revient à la maison, elle dit à son mari :

—Pardonne-moi, mon chéri. Je sais maintenant que tu disais la vérité. J'ai entendu un Touareg chanter la même chanson que toi. Tu m'aimes encore, n'est-ce pas?

—Oui, tu le sais bien, répond le mari d'un air magnanime. Oublions vite cet incident.

Alors, l'homme prend l'enfant des bras de sa femme et il lui chante, tout heureux :

La, la, la
Hi! Hi! Hi!
Mon cher petit
Grâce à la bouillie
Cachée dans mon carquois
Je vous ai gagnés, ta mère et toi!
La, la, la
Hi! Hi! Hi!

◇◇◇ ***fin*** ◇◇◇

Répondez aux questions en formant des phrases complètes.

I. Quelle épreuve les prétendants doivent-ils passer? Choisissez la bonne réponse.

   a. Ils doivent boire beaucoup de bouillie de mil.

   b. Ils doivent jeûner pendant dix jours.

   c. Ils doivent remplir leur carquois de bouillie de mil.

   d. Ils doivent travailler sans parler à la jeune fille pendant dix jours.

2. Comment le dernier prétendant arrive-t-il à gagner le concours?

3. Trouvez dans le texte une phrase qui s'applique bien à l'illustration.

4. Remettez les phrases suivantes dans l'ordre du récit.

   a. Le mari livre son secret en improvisant une chanson à son bébé.

   b. Le dernier prétendant a caché de la bouillie de mil dans son carquois.

   c. La femme dit qu'elle ne veut pas d'un mariage basé sur le mensonge.

   d. Le père lance un concours entre les prétendants.

   e. La femme se dit que son mari avait raison et elle rentre à la maison.

   L'ordre logique est le suivant : ____, ____, ____, ____, ____.

5. Lequel, du mari ou de la femme, vous est le plus sympathique? Donnez les raisons de votre réponse.

6. Donnez deux circonstances où l'homme cherche à tromper la femme.

7. Inventez un air pour le refrain chanté par le mari.

8. D'après le comportement de chacun des deux personnages de ce conte, dites quelles sont les caractéristiques :

   a. de l'homme;

   b. de la femme.

9. Imaginez un autre épisode de la vie de ce couple.

Vocabulaire

l' **abri** *m* shelter

abriter to take cover

accrocher to hook

admettre to admit

afin de in order to

agir to act

agiter to shake

agricole agricultural

l' **aiguille** *f* needle

aiguiser to sharpen

l' **aile** *f* wing

l' **aîné(e)** elder, the eldest

ainsi thus
   ainsi que as well as

l' **aliment** *m* food

l' **alimentation** *f* feeding

l' **alphabétisation** *f* literacy

amener to bring, to lead

l' **ancêtre** *m/f* ancestor

apercevoir to see

appartenir to belong

applaudir to applaud

apporter to bring

l' **arachide** *f* peanut

l' **araignée** *f* spider

l' **ardeur** *f* fervor

l' **argent** *m* silver; money

arracher to pull out

arranger to arrange, to sort out

tout va s'arranger everything will be all right

asperger to spray

assécher to drain

l' **assistance** *f* audience

assommer to knock out

astucieux(se) shrewd, cunning

attacher to tie up

atteindre to reach

attendre to wait for

auprès de close to

autour around

avare stingy

avoir honte *f* to be ashamed

Vous n'avez pas honte! Shame on you!

le **balai** broom

balayer to sweep

le **bananier** banana tree

barbu(e) bearded

le **bâton** stick

battre to beat

le **beau-père** stepfather; father-in-law

le **bec** beak

bêler to bleat

la **belle-fille** stepdaughter; daughter-in-law

la **belle-mère** stepmother; mother-in-law

bercer to rock

le **besoin** need
avoir besoin de to need
faire ses besoins to do its business

la **bête** animal

le **bœuf** ox

le **bois** wood; forest
bois sacré sacred forest

le **boubou** boubou (long African dress worn by both men and women)

le **boucher** butcher

bougonner to grumble

la **bouillie** porridge

les **bovins** *m* cattle

briller to shine

briser to break

broder to embroider

la **brousse** brush

brûler to burn

le **buisson** bush

le **burnous** burnous or burnoose (hooded Arab cloak)

le **but** goal

cacher to hide

la **cachette** hiding place

le **cadeau** gift

la **calebasse** gourd

la **canne à pêche** fishing rod

la **canne à sucre** sugarcane

la **carapace** shell

le **carquois** quiver

carré(e) square

le **carrefour** crossroads

le **cas** case

la **case** hut

le **cauchemar** nightmare

la **ceinture** belt

la **centaine** hundred

cependant however

cesser to stop

la **chaleur** heat

le **chameau** camel

le **champ** field
champ de ronces briar patch

chanceux(se) lucky

chaque each

la **charge** load

le **chasseur** hunter

le **chaudron** cauldron

le **chemin** path

la **chèvre** goat

la **chiffre** number

choisir to choose

le **choix** choice

la **chouette** owl

la **clairière** clearing

climatique climatic

le **cœur** heart
　　de bon cœur willingly

la **coiffe** head wear

la **colle** glue

coller to stick

comestible edible

comme d'habitude
　　as usual

commencer to begin

le/la **complice** partner

le **comportement** behavior

comprendre to under-
　　stand; to comprise;
　　to include

le **concours** competition

le/la **concurrent(e)** competitor

la **confiance** confidence
　　faire confiance à to trust

la **connaissance** knowledge

conquis(e) won over

le **conseil** advice,
　　recommendation;
　　council

le/la **conseiller(ère)** counsellor
　　est bonne conseillère is
　　of good counsel

contredire to contradict

le **corps** body

le **cortège funèbre** funeral
　　procession

côtier(ère) coastal

le **coucher du soleil** sunset

coudre to stitch

le **coup** blow

couper to cut

courber to bend
　　se courber to bend
　　down

couronner to crown

la **course à pied** foot race

court(e) short

coutume custom

la **couture** sewing

cracher to spit

craintif(ive) afraid

craquelé(e) covered with
　　fine cracks

creuser to dig

la **crise de nerfs** fit of anger

le **croc** fang

la **croissance** growth

la **cruche** pitcher

cueillir to gather

le **cuir** leather

la **culture** culture;
　　cultivation

d'accord in agreement

d'après according to

debout standing

décharger to unload

déchiré(e) torn

déçu(e) disappointed

le **défaut** defect

la **défense** tusk

le **défi** challenge
 lancer un défi to challenge

défunt(e) deceased

dégager to extricate, to free
 se dégager to be given off

déguiser to disguise

délivrer to save

demander grâce to beg for mercy

la **demi-sœur** half sister

démuni(e) impoverished

se **déplacer** to move

déraciner to uproot

dès from

désertique desertlike

dès que as soon as

désormais from now on

détacher to untie

déterminé(e) determined, resolute

les **deux tiers** *m* two thirds

le **devant** front

dévaster to devastate

devenir fou to go crazy

la **devinette** riddle

devoir to owe; to have to
 le devoir d'hospitalité duty as a host

le **dicton** common saying

digne worthy, deserving

le/la **dirigeant(e)** leader

divers(e) various

le **dommage** damage
 C'est dommage! Too bad!

donner to give

le **dos** back

la **dot** dowry

doté(e) equipped with

la **douche** shower

la **douleur** pain

se **douter de** to suspect

dupe duped, fooled

durant during

durer to last

échapper to escape

éclater to burst
 éclater de rire to burst out laughing

l' **écorce** bark

écraser to crush

s' **écrier** to exclaim

l' **efficacité** *f* effectiveness

s' **élancer** to dash, to hurl oneself

élever to raise

l' **éloge** *f* praise
faire l'éloge de to praise

s' **éloigner** to go away

l' **embarcation** *f* small boat

emporter to take

enclavé(e) enclosed

endommagé(e) damaged

l' **endroit** *m* place

enfiler to thread

enflé(e) swollen

s' **enfuir** to run away

enlever to remove

s' **ennuyer** to be bored

l' **enseignement** *m* teaching

s' **entendre** to agree

entraîner to pull, to carry along

entre between

envahir to invade

envers toward

environ about, approximately

épargner to spare; to save

le/la **époux/épouse** spouse

l' **épreuve** *f* test, ordeal

l' **équipe** *f* team

l' **essaim d'abeilles** *m* beehive

l' **essence** *f* species; essence; gas

essoufflé(e) out of breath

l' **étal** *m* stall

l' **étape** *f* stage (of a race)

étendre to stretch out

l' **ethnie** *f* ethnic group

l' **étoffe du pays** *f* local cloth

étouffé(e) muffled

étroit(e) tight, narrow

l' **évidence** *f* evidence
se mettre en évidence to push oneself forward

éviter to avoid

l' **exigence** *f* demand

fabriquer to make

fâcheuse unfortunate

faire to do, to make
faire cuire to cook
faire partie to be part of
faire semblant to pretend
s'en faire to worry

falloir to be necessary

le **fardeau** burden

la **farine** flour

fatigant(e) tiring

le **faucon** falcon

le **fer** iron

le **fermier** farmer

la **fête** party

le **feuillage** foliage

fier(ère) proud

le **fil** thread
fil à coudre sewing thread, yarn

le **filet** (fishing) net

la **finesse** sharpness, shrewdness

la **fois** time

forger to forge

former to make

le **fouet** whip

fouetter to whip

la **foule** crowd

fou(folle) crazy
le fou rire giggle

la **fourrure** fur

frapper to hit

le **front** forehead

frotter to rub

fuir to run away

la **fumée** smoke

fumer to smoke

les **funérailles** *f* funeral

gagner to win

la **galette** flat pastry cake

le **galop** *m* gallop
à grand galop at a full gallop

gâter to spoil

le **gendre** *m* son-in-law

le **génie** genie; genius

les **gens** people
gens du peuple regular people

la **gorgée** *f* mouthful

le **goût** *m* taste
avoir le goût de to feel like

grâce à thanks to

grandir to grow

la **grenouille** *f* frog

la **griffe** *f* claw

la **grosseur** weight

la **grotte** *f* cave

habile skillful

la **habileté** skill

la **habitant** *m* inhabitant

habiter to live

l' **habitude** *f* habit
comme d'habitude as usual

le **hasard** chance

la **hauteur** height; hill

la **hermine** ermine

heureux(se) happy

la **honte** shame
avoir honte to be ashamed

hors de outside of

hospitalier(ère) hospitable

la **houe** hoe

l' **huile** *f* oil

l' **importun(e)** troublesome person, intruder

importuner to bother

l' **inimitié** *f* enmity, active and usually mutual hatred

s' **inquiéter** to worry

l' **instrument** *m* instrument
instruments agricoles farming tools

interroger to question

la **jambe** leg

jeter to throw
se jeter à la nage to leap into the water

le **jeu** game
montrer son jeu to show one's hand

jeûner to fast

jurer to swear

labourer to plow, to turn over

la **lagune** lagoon

laid(e) ugly

la **laine** wool

lancer to throw
lancer un défi to challenge

le **large** open sea

la **lecture** reading

le **lendemain** next day

lever to lift
se lever to get up; to stand up
le lever du soleil sunrise

le **lien** link

le **lièvre** hare

la **ligne** line; fishing line
ligne de départ starting line

le **lin** linen

lisse smooth

la **longeur** length

lourd(e) heavy

le **magot** treasure

le **maïs** corn

maîtriser to master, to control

la **maladresse** clumsiness

le **mal de dos** backache

malgré despite

le **malheur** misfortune
quel malheur what a misfortune

malin(igne) cunning

manquer to miss

le **marais salant** saltworks

le **marché** market; deal

marcher to work
  ça marche it works

la **mare** pond

se **marier** to get married

le **matin** morning

se **méfier** to be wary

le/la **meilleur(e)** best

le **mélange** mixture

mener to lead

le **mensonge** lie

le/la **menteur(se)** liar

mentir to lie

mériter to deserve

le **métier** trade

mettre to put
  se mettre en évidence
   to push oneself
   forward
  mettre en vedette
   to feature

mignon(ne) cute

le **mil** millet

le **millénaire** millennium

le **millier** thousand

minier(ère) mining

les **mœurs** f morals

la **moitié** half

montrer to show
  montrer son jeu to
   show one's hand

la **monture** mount

le **morceau** piece

mou(molle) soft

mourir to die

le **mouton** sheep

le **moyen** way, method

la **moyenne** average

la **nage** swimming
  se jeter à la nage to
   leap into the water

la **natte** mat

le **nerf** nerve

nettoyer to clean

le **nid** nest

le/la **nigaud(e)** fool

le **niveau** level

la **noix** walnut

le **nombre** number

le **nord** north

nourrir to feed

la **nourriture** food

le **nuage** cloud

occidental(e) Western

l' **œuf** m egg

l' **ombre** f shade

l' **or** m gold

l' **orage** f storm

orgueilleux(se) arrogant, proud

l' orthographe *f* spelling

oser to dare

l' ouest *m* west

ouvert(e) open

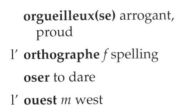

la pagaie paddle

paître to graze

le palmier palm tree

le panier basket

le/la parent(e) kin

paresseux(se) lazy

parier to bet

parler to talk
 faire parler to draw out

la parole speech

passer to pass
 s'en passer to do without

la patte paw

le pays country

la peau skin

pêcher to fish

le pêcheur fisherman

la peine trouble, pain
 à peine hardly

perdre to lose
 se perdre to get lost

la peur fear
 faire peur à to scare

la phrase complète complete sentence

picoter to peck

la pièce piece; room

le piège trap

la pierre stone

piocher to dig up

la pirogue dugout (canoe)

la pitié pity
 avoir pitié to take pity on

se plaindre to complain

plonger to dive

plusieurs several

le poids weight
 prendre du poids to gain weight

le poisson fish

pondre to lay eggs

la porte door

la poterie pottery

la poule hen

poursuivre to pursue

pousser to grow

le poussin chick

le/la préféré(e) favorite

premier(ère) first

prendre to take
 prendre soin to take care

la prestance commanding appearance

le prétendant suitor

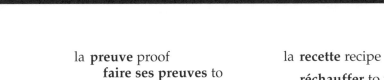

la **preuve** proof
    faire ses preuves to
      prove oneself

prier to pray
    ne pas se faire prier to
      not need coaxing

se **priver de** to do without

le **prix** price
    au prix de at the cost of

le **propos** talk, remark
    à propos appropriate

le/la **propriétaire** owner

les **provisions** *f* food supplies

puisque because

le **puits** well

quant à as to

la **queue** line; tail
    à la queue leu leu in
      single file
    **la queue entre les
      jambes** with his tail
      between his legs

ramener to bring back

ramollir to soften

la **rapidité d'esprit**
    sharpness

raser to raze (to the
    ground)

rassurer to reassure

réagir to react

la **recette** recipe

réchauffer to warm up

la **recherche** search, quest

le **récit** tale

la **récolte** harvest

récolter to harvest

recueillir to gather,
    to collect

redescendre to go back
    down

réfléchir to think

le **reflet** reflection

régler to settle

régner to rule

la **reine** queen

réjoui(e) delighted

le **remède** remedy

remplacer to take the
    place of

le **renard** fox

se **rendre** to go to

le **renseignement**
    information

replier to fold up

la **réponse** answer
    la bonne réponse right
      answer

reprendre courage to take
    heart

respirer to breathe

rester to stay

en retard late

réunir to gather

réussir to succeed

revenir to come back

rire to laugh
  le fou rire giggle
  rire au nez to laugh in
  someone's face
  rire jaune to force
  (one-self) to laugh

le **rival** rival

la **rive** shore

le **riz** rice

le **rônier** a type of palm tree

le **royaume** kingdom

rugir to roar

le **ruisseau** stream

la **ruse** trick, ruse

rusé(e) sly, cunning

le **sable** sand
  sable mou soft sand

sablonneux(se) sandy

le/la **sage** wise man or woman

sage wise

sahélien(ne) Sahelian

saler to salt

saliver to salivate, to lick
  one's lips

saluer de la main to greet
  with a wave

sanglier wild pig

la **santé** health
  en santé healthy

sauter to jump

sauterelle grasshopper

la **savane** savanna

savoir to know
  le savoir vivre good
  manners
  **Vous ne savez pas
  vivre!** Have you no
  manners!

sec(sèche) dry

sécher to dry

la **sécheresse** dryness,
  drought

au secours! help!

le **sel** salt

la **semence** seed
  faire leurs semences to
  sow their seeds
  la saison des semences
  growing season

le **sentiment** feeling

le **serpent** snake

sinon otherwise

le **soin** care
  prendre soin to take care

le **sol** ground

le **soleil** sun
  coucher du soleil sunset
  lever du soleil sunrise

le **sommet** summit, top

songer to dream

le/la **sorcier(ère)** wizard, witch

le **sorgho** sorghum

sot(te) foolish

la **sottise** foolishness

le **souffle** breath

soulagé(e) relieved

la **souplesse** softness

sourire smile

le **souris** mouse

souvent often

subir to suffer

le **sud** south

la **sueur** sweat
  en sueur sweaty

suivre to follow

le **sujet** subject

la **superficie** surface area

supplier to beg

svelte thin

la **tache** spot

la **tâche** task

la **taille** size; waist
  taille imposante large size

le **tailleur** tailor

le **tapis** carpet

le **tas** pile

le **taux** rate

le **témoin** witness

tenter to attempt

la **tenue** appearance
  en grande tenue all dressed up

terminer to finish

la **tige** stem

tirer (de l'eau) to pull; to draw (water)

tisser to weave

le **tissu** cloth

la **toile** cloth, canvas

la **tortue** tortoise

le/la **Touareg** Tuareg (desert tribe)

la **touffe** tuft

tourné turned
  avoir le dos tourné with his/her back turned

tout(e) all
  tout de suite right away
  toute sa charge all its load
  tout va s'arranger everything will be all right

trahir to betray

traîner to drag

traiter to treat

la **tranchée** trench

transporter to carry

le **travail** work

le/la **travailleur(se)** worker

le **tressage** weaving

tresser to weave

tricher to cheat

la **trompe** trunk

tromper to trick

le **trou** hole

le **troupeau** herd

le **truc** trick
   bon truc good gimmick

truqué(e) fixed to favor
   one side

tuer to kill

vaincre to beat,
   to vanquish

la **vaisselle** dishes

la **valeur** value, worth

valoir to be worth
   il vaut mieux it is better

le **veau** calf

la **veillée** evening

se **venger** to take revenge

venimeux(se) poisonous

verdâtre greenish

le **vêtement** piece of clothing

la **viande** meat

la **vie** life
   vie de pacha life of
      luxury

le **visage** face

vite quickly

le/la **voisin(e)** neighbor

voler to fly; to steal

le **zébu** zebu, domesticated
   African or Asian ox
   with a hump